公式戦でホームランを今まで打ってなくて、
このために取っておいたのかな。
Minato Maruta

18
3

KE IO

KEIO

日本一の主将
KEIO

ずっと「日本一」とか「高校野球の常識を変えたい」とか、大きなこと言ってきて、笑われることもあった。「見返して自分たちが絶対日本一になってやる」という強い思いで頑張ってきた。その辛い思いが全部報われた。

主将　大村 昊澄

KUEI

見よ
風に鳴るわが旗を
日本住設
PIZZA
IKUEI

慶応107年ぶり2度目の優勝

第105回全国高校野球選手権記念大会は8月23日、兵庫県西宮市の甲子園球場で決勝が行われ、慶応（5年ぶり19度目）が連覇を目指した宮城代表の仙台育英（2年連続30度目）に8―2で勝利し、東京から出場した1916年の第2回大会以来、107年ぶり2度目の全国制覇を果たした。

神奈川県勢の優勝は2015年の東海大相模以来、8年ぶり8度目で大阪（14度）に次ぎ愛知、和歌山と並んで2位タイ。神奈川代表の優勝は湘南、法政二、東海大相模、桐蔭学園、横浜に続き6校目となった。

慶応は初回に丸田湊斗（3年）が先頭打者本塁打を放つなど2点を先制。二回にも丸田の右前適時打でリードを広げた。五回には福井直睦（3年）の適時二塁打などで一挙5得点と突き放し、全国3486校の頂点に立った。

慶応は今大会2回戦から登場し、福井代表の北陸を9―4で下すと、3回戦は延長タイブレークの末に6―3で広陵（広島）に勝利。準々決勝では沖縄尚学を7―2で下し、準決勝では土浦日大（茨城）に2―0で競り勝った。

107年ぶりの優勝は、これまで最も間隔が空いて2016年に優勝した作新学院（栃木）の54年ぶりを大幅に上回る最長ブランクとなる。

107年ぶり KEIO日本一　**若き血、燃ゆ**　第105回 全国高校野球選手権記念大会優勝グラフ

contents

※9ページ、奥付は慶應義塾塾歌より

●第105回 全国高校野球選手権大会 全成績

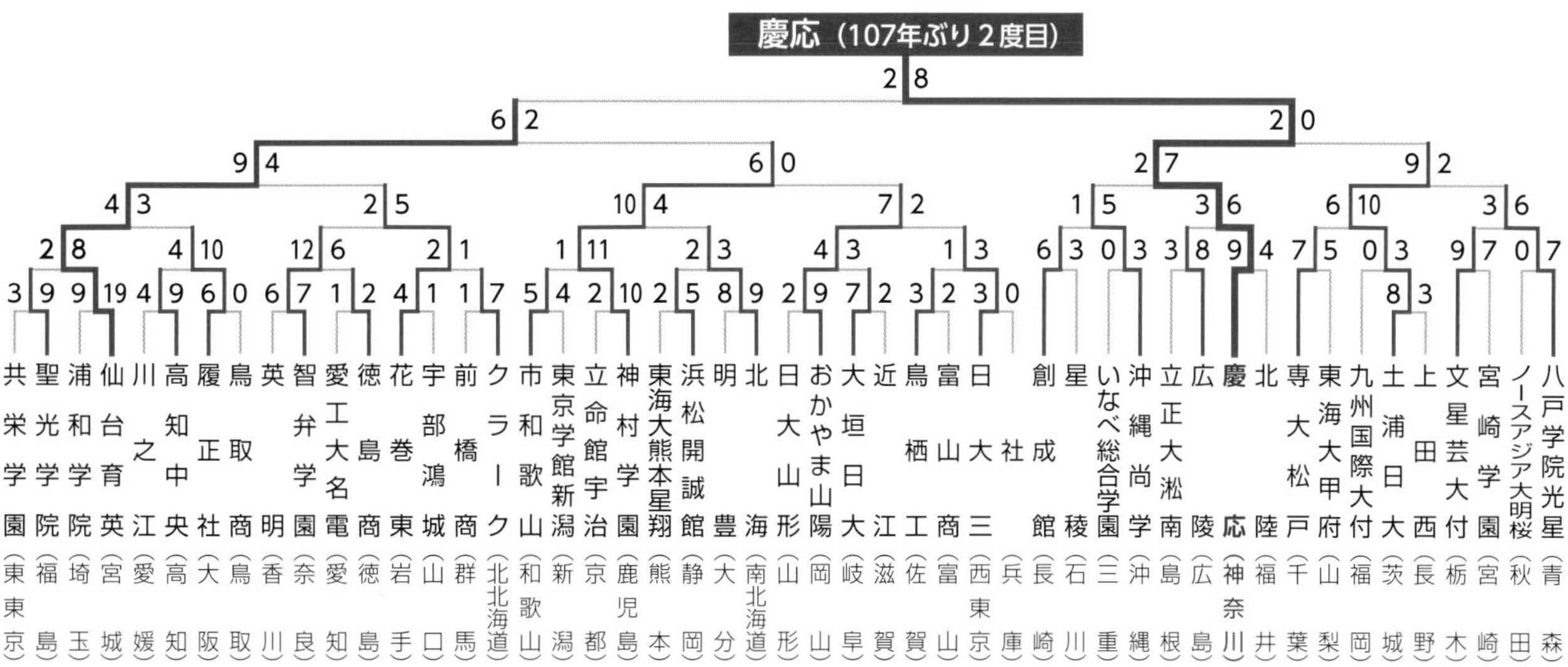

▽決勝

慶応	2	1	0	0	5	0	0	0	0	8
仙台育英	0	1	1	0	0	0	0	0	0	2

【評】慶応が五回までに8点を奪うなど計13安打で攻め、継投も決まって快勝した。

丸田が右越えに先頭打者本塁打を放って先制し、渡辺千の適時打で一回に2点を先取。二回にも丸田の適時打で加点した。3－2の五回には福井、代打安達の適時打など4長短打に、失策も絡み一挙5点を奪った。

先発の左腕鈴木は緩急を使い、4回を3安打2失点。四回無死二塁のピンチをしのぎ、五回の攻撃につなげた。救援したエース小宅は、5回4安打無失点で要所を締め、逃げ切った。

仙台育英は二、三回の好機で畳みかけられず、いずれも1点止まり。反撃は迫力を欠いた。湯田は制球が甘く、4回3失点。五回は中堅手の落球など守備が乱れ、2番手の高橋が相手の勢いを止められなかった。

慶応が雪辱

聖地一体 歴史動かす

【仙台育英－慶応】2回表慶応1死二塁。丸田の右前適時打で二走大村が跳びあがって生還。3点目を挙げる＝甲子園（立石　右志写す）

三塁側アルプス席だけではない。甲子園を包み込むように鳴り響く「若き血」の大合唱が、昨夏王者を飲み込んだ。

「漫画のようなシナリオ」（大村主将）で迎えた全国の頂上決戦。陸の王者が春からの飛躍を体現した。リードオフマン丸田の先頭打者本塁打を号砲に、仙台育英の投手陣が投じた150キロの直球や鋭く曲がる変化球をはじき返していく。森林貴彦監督(50)は「立ち上がりで捉えられたのがこの試合で重要だった」。13安打8得点の成果に目を細めた。

選抜大会ではわずか1得点しか奪えず、夏の神奈川大会前の練習試合でも惜敗。相手のエース高橋、湯田の両右腕をどう攻略するか—。データ班の分析で湯田の直球はボールになりやすく、高めのスライダーが狙いやすいと突き止めた。

指揮官が明かす。「高めの（ストライク）ゾーンで待って、球種を自分で決めるのか決めないのかは選手の裁量」。鮮やかな安打だけではない。徹底してボール球に手を出さず、4回までに90球を投げさせる粘り強さも目を引いた。

2番手の右腕高橋に対しては「初球の変化球を逃さない」。五回に適時二塁打を放った福井もしてやったりだ。「自分たちは真っすぐに強いと言われていた。変化球で攻めてくると思った」

データを尊重しながら、培ってきた経験も生かし打席で配球を読む。一人一人が普段から考える力を養ってきたからこそ、宿敵への雪辱は結実した。

主将大村がチームの思いを代表する。「春に戦ったときは名前負けして、どこか不安があった。技術が伴って根拠のある自信を持てた」。真のエンジョイ・ベースボールが聖地で歴史を動かした。（藤江　広祐）

ナイン喜びの声

森林貴彦監督
多くの方々に応援してもらって、支えてもらって、きょうの結果がある。本当にありがとうございます。

赤松衡樹部長
ＫＥＩＯ日本一を目標に掲げてきたが、まさか本当に有言実行してくれるとは。選手たちを尊敬します。

1小宅雅己
（２番手で５回無失点）打者陣に感謝している。自分の投球をすれば抑えられる自信があった。

2渡辺憩
（３番に抜てきされて）打っておかないとまずいと思った。（第１打席は）追い込まれたが、死ぬ気で当てた。

3延末藍太
本当にうれしいが実感が湧かない。（決勝で４番起用も）好機で回らなかったので出塁を心がけた。

4大村昊澄
実力プラスアルファの力が出せたと思っている。応援してくれた全ての人たちのおかげで優勝できた。

5福井直睦
小学生の時に「塾高で甲子園優勝する」と書いた作文が最近出てきた。人生で一番楽しく、幸せな夏だった。

6八木陽
仙台育英の投手から２安打できて、適時打も打てた。最高の舞台で優勝できたことが本当にうれしい。

7渡辺千之亮
ずっと掲げてきた目標を達成できてうれしい。一生に一度の経験だと思うと、緊張とかはなかった。

8丸田湊斗
ラクして楽しむんじゃなく、泥くさいこともやった。きつい練習をやった上で、決勝では野球を楽しめた。

9加藤右悟
来年もまた出場したい。もう一度日本一を取りたいので、あしたからもう練習したい気持ちでいっぱい。

10鈴木佳門
味方が点を取ってくれると信じて投げた。今までやってきたことが実を結んで日本一になれてうれしい。

11松井喜一
（３回戦の広陵戦延長で好投）ああいう場面を抑えるために練習してきた。直球で押せて良かった。

12笠井達弥
神奈川大会からあっという間。それほど濃密な試合ができた。鈴木と小宅が腕を振って投げてくれた。

13安達英輝
（五回に代打で適時打。夏の甲子園初安打）１試合ぐらいは貢献したかった。最後に打てて良かった。

14宮尾青波
最後優勝で終われてうれしい。自分たちの優勝がきっかけで、高校野球が変わってくれたらいいなと思う。

15清原勝児
（九回に代打で登場）すごい大歓声で感謝の気持ち。全員の支えがあったからこそ、あの打席に立てた。

16足立然
楽しかった。大好きな先輩たちと一日でも長く野球をやりたいと思っていたので、決勝までやれてうれしい。

17山本海
仙台育英に勝利することが目標だったので最高の気分。森林監督に自由にやらせてもらった３年間だった。

18村上迅太
代走で出場したが、甲子園決勝の舞台を経験できたのは、安達が打ってくれたから。とてもうれしい。

19飯田康太郎
中学は軟式でプレーしていて、まさか甲子園で優勝できるとは。このチームの一員で良かったなと思う。

20加賀城祐志
先輩たちが大好きで、長く楽しく野球ができた。来年もここに戻ってきて優勝したいから頑張る。

大鳥遥貴記録員
自分は日本一の景色を見させてもらった。チームメートや応援してくれた人たち全員に感謝している。

実感が湧かない／人生で一番幸せ／来年ここに戻る

107年ぶりの優勝を果たし、応援団に向かってダッシュする慶応ナイン（木田　亜紀彦写す）

進化したエンジョイ

「自分で考えるから楽しい」 野球 嫌いにさせない

森林監督が話す指導論で、印象的な言葉がある。「言ったことをやらせるだけでは、選手たちが野球を嫌いになってしまいます」。野球を嫌いにさせない。前任の上田誠さんが就任した1991年から続くエンジョイ・ベースボールの神髄は、そこにあるのだと思う。

データは細かく取る。最近の慶応の選手たちは中学時代の全国優勝経験者も少なくないエリート集団。だから、データから導き出した動きを強制するのは難しくないはずだ。

しかし森林監督は「例えば狙い球も最後は自分で考える。自分で考えることが一番難しくて、一番面白い」と話す。慶応では面白い部分を残す、すなわち自分の頭で考えることを至上の価値に置く。

上田監督時代は自由さとともに、まだ素質任せの奔放さもあったように思う。森林監督は自由さを残した上で、「自分で考える」という作業をチーム作りのあちこちに組み込んだ。

森林監督自身、「2年半という高校野球の期間を考えれば、メニューを決めてやらせた方が勝てるのかもしれない。そういう意味では、遠回りをしているのかもしれない」と考えたこともあった。だが日本一に輝いた今、「決して遠回りしていたわけではない」と確信する。

上田誠さんは「学童野球の指導者は高校野球の真似をする」と話す。森林監督も「慶応の優勝で高校野球が変わっていくことになればいい」と期待する。野球離れが叫ばれる中で、頂点に輝いた「エンジョイ」が与える衝撃は小さくないはずだ。（和城　信行）

切り札安達が適時打

…慶応の代打の切り札・安達が、五回2死一、二塁から中前タイムリー。貴重な追加点を挙げた。「変化球を待っていたが、2球連続ストレート。マジかっ、と思いましたが、最後は自分の感覚を信じて」と安達。再びのストレートに何とかタイミングを合わせ、春に続いて大舞台で勝負強さを発揮した。

九回は、無死一塁から伝令としてマウンドに。いつもは笑いで内野陣をリラックスさせるが、この日は真顔で「優勝するのを信じているから」と熱く語ったという。試合後は「格好つけてるなと思われちゃったみたいです」と、笑顔で喜びを爆発させた。

父子、同じ景色に万感

…慶応の清原は九回に今大会3度目の代打で出場して四球を選んだ。通算4打席無安打に終わるも、107年ぶりの全国制覇に「このチームで日本一になれたことがうれしい」と思いを込めた。

大阪・PL学園時代に2度優勝をした父・和博さんとの同じ景色には「親子優勝はそこまで意識していなかった」と清原。しかし、今夏の甲子園では3試合に出場して大観衆を沸かせて、貴重なチームの火付け役となった。

応援に駆け付けた和博さんは、「僕自身にとっても野球観が変わる思いがしました。これからは長髪のチームも増えるでしょうね」とコメント。「（次男は）スタメンで出られなかった悔しさもあるでしょう。取材を毎回受ける苦しさもあったと思います。しかし、きちんと対応して立派に育ってくれた」と称えた。

流れ引き寄せる一打

…慶応・福井が4点目の適時二塁打。試合の流れを大きく引き寄せた7番打者は「これ以上の勝ち方はない」と喜びに浸った。

五回2死一塁で「チームのためにという気持ちだった」と3球目を左翼へはじき返した。仙台育英との初戦で敗れた春の選抜大会は4番で出場するも5打数無安打。「あの時は手も足も出なかった」という。低めを捨てて真ん中の甘いコースに絞る相手投手陣への対策が実を結び、「結果がついてきてうれしい」と笑顔を見せた。

鈴木が4回2失点

…先発の左腕鈴木は4回2失点。「先頭を出すイニングが多く、自分の守りのミスでピンチをつくってしまった」との反省もあるが、「（自己評価は）80点ぐらい。もっと打たれると思ったけれど、結構抑えられて自信につながった」とうなずいた。

「点を取ってくれたので1失点はOK」と味方の援護にも助けられ、準決勝で完投したエース小宅につなぐ重要な役割を果たした。1年夏には腰を痛めて2カ月ほど投球ができない時期もあったという。苦節を乗り越えて流した汗が報われた。

甲子園日記

雰囲気の良さ傑出

107年ぶりの優勝を飾った慶応。先頭で深紅の大優勝旗を持った主将大村は試合後の取材で「森林さんは主体性を大事にされるが、森林さんの野球に憧れて集まったメンバー。最後はついていくという結束力があった」と語った。この言葉が強さを象徴している。

監督の提案を受け入れる姿勢。慶大で指導し、2021年の全日本選手権大会優勝にも貢献したメンタルコーチの吉岡真司さんが「今の慶応は日本一に必要なことは素直にやってみるという土壌がある。森林監督と大村主将の関係性は21年の慶大、堀井監督と福井主将に似ている」と話していたこともうなずける。

大願成就を記者席から目の当たりにして、チームが生み出す雰囲気の良さが傑出していたと改めて実感した。（F）

かなスポ
E-mail: sports@kanagawa-np.co.jp
FAX045-227-0167

K 2023

夏 甲子園 決勝

最終日

107年ぶり2度目V

全国高校野球選手権大会最終日は23日、甲子園球場で決勝が行われ、慶応が史上7校目の大会連覇を狙った仙台育英（宮城）を8－2で下し、107年ぶり2度目の優勝を果たした。神奈川県勢の全国制覇は2015年の東海大相模以来で8度目。

慶応は一回、決勝で大会史上初となる丸田の先頭打者本塁打で勢いに乗り、3－2の五回に5点を奪って突き放した。先発の鈴木が4回を2失点でしのぎ、五回から登板の小宅は5回無失点の好投で快勝。今春の選抜大会2回戦で顔を合わせ、敗れた相手に雪辱した。

仙台育英はチームを支えてきた湯田、高橋の両投手が打ち込まれ、反撃も好機であと一押しできなかった。

これまで最も長い間隔を空けての優勝は16年に54年ぶりに日本一となった作新学院（栃木）だった。

光る集中打

小宅 恩返しの投球

最後も、最高の笑顔がはじけた。「『KEIO日本一』を目標にやってきて、それがかなってうれしい。打ち取る前にみんなとやってきて楽しかったなという思いが駆け巡った」。慶応の小宅は浅い飛球を左翼の渡辺千がつかむのを見届け、歓喜の輪の中心でもみくちゃにされた。

4回2失点と試合をつくった左腕鈴木を継ぎ、2番手として登板。準決勝の118球完封から中1日となったが、冷静さは健在だった。「最少失点の投球をしよう。（仙台育英は）長打が多いので高めに浮かないよう注意した」と直球に低めのカットボールを織り交ぜてフライアウトを築いた。

小宅の投球を支えている速いカットボールは、今夏の神奈川大会前最後の練習試合を通じて仙台育英の右腕高橋から助言を受け、進化させた。「一つ一つ教えてもらえたことが力になった。仙台育英さんに恩返ししたかった」と感謝する。

栃木での中学時代、60校近くの高校に誘われながらも、森林貴彦監督の著書に感銘を受け、慶応に挑戦した小宅。「エンジョイ・ベースボールが一番大事だと改めて思った。慶応が日本一になって広められたと思う」と誇らしげだ。

甲子園での胴上げ投手もまだ2年生。すぐに新チームが動き出す。「大きい経験をみんなに還元したい。まずは神奈川を制するために練習する」。笑顔のエースは聖地のマウンドに帰ってくると誓っている。（藤江 広祐）

日本一を決めて喜ぶ慶応の小宅（中央）（木田 亜紀彦写す）

丸田快挙 最高の夏に

決勝初 先頭弾

高い打球音は一瞬で大歓声にかき消された。右中間スタンドに飛び込んだ白球。一塁を回りベンチに向かって突き上げた右こぶし。すべてが球場全体を震わせる大歓声の中だ。

慶応・丸田が、夏の決勝105回の歴史で初めての先頭打者ホームラン。その瞬間、もう甲子園は慶応のものになった。

出会い頭ではない、計算尽くの一発だ。「夏前の仙台育英との練習試合で直球を打った。だから今日は変化球を張っていた」

初球、そのスライダーを空振り。ただそれも「振ったことで良いイメージが持てた。結果的には空振りが良かった」。そして「風があったのである程度飛べばいくだろう」という手応え通りの打球となった。

プリンスも涙

"慶応のプリンス"と呼ばれる端正な顔立ち。俊足好打の、チームに欠かせないリードオフマンだ。春の選抜大会では「出塁と長打の両方を求める」と意識した。しかし、夏までの練習をへて飛距離がアップ。夏は「打球は自然に飛ぶから、まず出塁を」と切り替えていた。

準々決勝は2長打。準決勝は1安打。役目を果たしながらも、少し物足りなさを感じていた決勝。「今まで公式戦ではホームランを打っていなかったんですが、この時のために取っておいたのかな」。自身初の公式戦本塁打がメモリアルの1発となった。

今夏の甲子園で9安打を放ち、18歳以下（U18）日本代表にも初選出。スタンドの大応援を前にした優勝インタビューでは、「他のどの高校生を探しても、いえ、ほかのどの人を探しても（自分の夏が）最高の夏になりました」

神奈川大会から、どんなピンチでも笑顔でプレーし続けてきた計12試合。この日も試合中は笑顔。涙はすべてが終わった後に、少しだけ流れた。（和城 信行）

記録メモ

▽先頭打者本塁打　慶応の丸田が決勝の仙台育英戦で記録。決勝では史上初。

初回に先頭打者本塁打を放って喜ぶ慶応・丸田＝甲子園（木田 亜紀彦写す）

野球楽しいと再認識

ソフトバンク・柳町達外野手（慶応高ＯＢ）の話　すごくうれしい。はつらつとした姿を見て、野球は楽しいものなんだと再認識させてくれた。苦しいことをやりつつも、試合に勝つ喜びで楽しむことを学んだ。それが後輩にも受け継がれていった。

僕自身も驚いている

阪神・山本泰寛内野手（慶応高ＯＢ）の話　まずは優勝おめでとうございます。僕自身も驚いている気持ちが大きい。優勝という経験は、選手にとってはかけがえのない財産だと思う。この経験を糧に、次のステージでも活躍できるように頑張ってほしい。

仙台育英 あと一歩

雰囲気のまれ 守備乱れる

「メンバーが変われば新しいチーム」との思いから須江監督が掲げた仙台育英の「2度目の初優勝」は、あと一歩で阻まれた。慶応応援団が放つ異様な雰囲気の下、2年連続決勝進出の原動力となった湯田、高橋が失点を重ね、守備も乱れた。監督は「球場が慶応の空気になった。単純に相手が強かった」と両チームの健闘をたたえた。

準々決勝、準決勝と抜群の投球をした先発の湯田が制球を乱した。「力で抑えにいこうとしすぎた」と先頭打者本塁打を許すと、2死一、二塁で、遊撃の山田が風にあおられた打球を捕り損ねて失点（記録は中前打）。主導権は奪い返せず、五回は代わったばかりの高橋が落球など外野の2失策もあり5失点した。

昨夏の優勝メンバーが多く残ったチームは、家族構成が弟ばかりで「弟ズ」と名付けられた。「誰かの後をついて何かをする子ばかり」と須江監督。自主性や積極性が欠けるチームだったが、選手間のミーティングで意見をぶつけ合って山田主将を中心に切磋《せっさ》琢磨《たくま》してきた。

浦和学院（埼玉）、履正社（大阪）など強豪の挑戦を次々と退け、再び決勝まで勝ち上がる集団となった。須江監督は「2年連続の決勝は奇跡。よく成長した。たくさんねぎらってあげたい」。東北の雄は、確かな強さを印象づけて、甲子園を後にした。

球場が慶応の空気に

仙台育英・須江監督の話　丸田君のホームランが大勢を決めた。球場が慶応の空気になった。その後に守備のミスを重ねてしまったのが敗因。単純に相手が強かった。慶応をたたえたいと思う。

一人一人が成長した

仙台育英・山田主将の話　相手の応援がすごいので、ジェスチャーで意思疎通するなど対策した。一人一人が成長して最高のチームになった。最後に負けたことを次の人生につなげたい。

5回表慶応2死二、三塁、丸田の飛球を左翼手鈴木（左）と中堅手橋本が交錯し落球。適時失策となり2者の生還を許す

【慶応】		打	得	安	点	振	球	犠	盗	失	①	②	③	④	⑤	⑥	⑦	⑧	⑨
⑧	丸田	6	2	2	2	2	0	0	0	0	右本	右安		三振	中失		三振		右飛
⑥	八木	4	0	2	1	0	0	1	0	1	遊飛	投犠		右安	右安		中飛		
②	渡辺憩	5	1	1	0	1	0	0	0	0	左安	三振		右飛	左飛		右飛		
③	延末	4	1	1	0	1	1	0	0	0	四球		三振		二安	左邪		一ゴ	
⑨	加藤	5	0	2	0	1	0	0	0	0	左飛		左安		中飛	中2		三振	
⑦	渡辺千	3	0	1	1	1	2	0	0	0	中安		四球		三振	四球		中飛	
⑤	福井	4	1	3	1	0	0	0	0	1	左飛		二安		左2	左安			
H	清原	0	0	0	0	0	1	0	0	0									四球
R5	宮尾	0	0	0	0	0	0	0	0	0									
④	大村	1	2	0	0	1	4	0	0	0		四球	四球		四球	三振			死球
①	鈴木	1	0	0	0	1	0	1	0	1		捕犠	三振						
H	安達	1	0	1	1	0	0	0	0	0					中安				
R	村上	0	1	0	0	0	0	0	0	0									
1	小宅	2	0	0	0	2	0	0	0	1						三振			三振
	計	36	8	13	6	10	8	2	0	4									

【仙育英】		打	得	安	点	振	球	犠	盗	失	①	②	③	④	⑤	⑥	⑦	⑧	⑨
⑧	橋本	5	1	0	0	0	0	0	0	1	遊ゴ		遊失		左飛		遊ゴ		左邪
⑥	山田	4	0	0	0	0	0	0	0	0	三失		遊飛		中飛			中飛	
⑤	湯浅	4	0	0	0	0	0	0	0	0	遊併		三ゴ		左飛			右飛	
⑨	斎藤陽	4	1	2	0	0	0	0	0	1		中安	投ゴ			二ゴ		中安	
②	尾形	4	0	3	0	0	0	0	0	0		右2		右2		中飛		中安	
⑦	鈴木	3	0	0	0	3	0	0	0	0		三振		三振		三振			
7	伊藤	1	0	0	0	0	0	0	0	0								一ゴ	
③4	住石	4	0	1	1	1	0	0	0	0		二ゴ		三振			二ゴ		投安
①	湯田	1	0	0	0	0	0	0	0	0		遊ゴ							
H	寺田	1	0	0	0	0	0	0	0	0				投失					
1	高橋	0	0	0	0	0	0	0	0	0									
H3	斎藤敏	2	0	0	0	2	0	0	0	0							三振		三振
④	登藤	1	0	0	0	1	1	0	1	0			死球	三振					
H	下山	1	0	1	0	0	0	0	0	0							右2		
1	田中	0	0	0	0	0	0	0	0	0									
H	細田	1	0	0	0	0	0	0	0	0									右飛
	計	36	2	7	1	7	1	0	1	2									

▽二塁打　尾形2、福井、加藤、下山▽残塁　慶11、仙8▽併殺　慶1（八木－大村－延末）湯浅＝1回、仙0▽暴投　湯田、鈴木
▽審判　山口、吉岡、乗金、前坂
▽試合時間　2時間50分

投手	回	打	投	安	振	球	失	責
鈴木	4	18	71	3	4	1	2	1
小宅	5	19	68	4	3	0	0	0

投手	回	打	投	安	振	球	失	責
湯田	4	21	90	7	4	4	3	3
高橋	3	18	79	6	4	2	5	2
田中	2	7	24	0	2	2	0	0

100年超え様相異なる

慶応が前回優勝を果たした第2回大会と今大会は、100年を超える時を経て大きく様相が異なる。1916年は第1次世界大戦まっただ中。甲子園球場が開場する8年前で、舞台は大阪・豊中グラウンドだった。旧制中学校時代の「全国中等学校優勝野球大会」に全国115校が参加し、12地区の代表が争った。

当時は慶応普通部。米ハワイ出身で後に野球殿堂入りする腰本寿が指揮を執り、一塁手は米国籍という国際色豊かなチームだった。決勝は大阪・市岡中を6－2で下した。1回戦で敗れた6校のうち2校が抽選で敗者復活戦に臨む方式だった。

準優勝だった20年の第6回大会は初めて北海道大会が設けられ、兵庫・鳴尾球場に15地区の代表が集まった。今夏は連合を含め全国で3486チームが参加し、神奈川だけで167チームが代表の座を争った。

2008年は第90回、18年は第100回の記念大会で出場枠が増え、北神奈川代表として夏の甲子園に出場した。激戦区で唯一の代表となったのは1962年以来。横浜、東海大相模など全国に名をとどろかせるライバルにもまれた実力で、日本一まで駆け上がった。

慶応の甲子園戦績（準々決勝以上）

1916年	夏	優勝
17	夏	準々決勝敗退
19	夏	準々決勝敗退
20	夏	準優勝
60	春	準々決勝敗退
2005	春	準々決勝敗退
08	夏	準々決勝敗退
23	夏	優勝

※1920年までは慶応普通部として出場

初回に先頭打者本塁打を放ち、笑顔でベンチに戻る丸田（左）

左頁上：決勝の大舞台で先発し４回自責点１。役割を果たした鈴木
左頁下：１回表慶応２死一、二塁。２点目のタイムリーを打つ渡辺千

Kamon Suzuki

DAISO
Sennosuke Watanabe

13
13
Eiki Adachi

５回表慶応２死一、二塁。適時打を放ち
スタンドにガッツポーズする安達

5回、4点目が入り拳を突き上げる森林監督

5回表慶応2死一塁。
福井の適時二塁打で一走延末が生還

5回表慶応2死一、二塁。
安達がセンターにタイムリーを放つ

5回表慶応2死一塁。レフト線に適時二塁打を打つ福井

5回に生還し、飛び上がって喜ぶ大村

5回から登板し、
反撃を封じた小宅

４回裏２死一、三塁のピンチを無失点で切り抜けた鈴木(10)と
渡辺憩(２)のバッテリーを笑顔で迎える慶応ベンチ

慶応競り勝つ

107年ぶりV懸け あす決勝

全国高校野球選手権大会第13日は21日、甲子園球場で準決勝が行われ、前回大会覇者の仙台育英（宮城）、1916年の第２回大会以来の優勝を狙う慶応が勝って、23日午後２時開始の決勝へ進んだ。

第13日

仙台育英は１－１の三回にスクイズや鈴木の２ランで４点を勝ち越し、神村学園（鹿児島）に６－２で快勝。六回から救援した湯田が反撃を封じた。２連覇すれば2004、05年の駒大苫小牧（北海道）以来、史上７校目となる。

慶応は小宅が被安打７で土浦日大（茨城）を完封し、２－０で勝った。準優勝だった1920年大会以来、103年ぶりの決勝進出。

今夏チーム初の完投勝利

小宅完封劇 淡々と

夏の甲子園準決勝という大舞台でも、慶応の小宅の表情はいつも通り、淡々としていた。

九回2死一塁。118球目、138キロの直球で詰まらせ、浅い左飛に仕留めた。無四球で公式戦初となる完封勝利。小宅は「2点差だったのでいくしかないと思った」と当初の継投プランを良い意味で裏切り、笑顔で右拳を握った。

畳みかける集中打を武器に勝ち上がってきた土浦日大に対し、注意したのは「コースを間違えないこと。暑かったのでテンポよく守備からリズムをつくりたかった」。走者がいない状況でもクイック投法を駆使し、打者との間合いを操った。

2年とは思えない冷静な思考も際立った。追加点を奪えず、いつ流れが相手に傾いてもおかしくない状況にも、右腕は「想定内。逆転だけは許さないように、同点オーケーという気持ち」と切り替えてマウンドに上がり続けた。

準々決勝の沖縄尚学戦では同級生の左腕鈴木が先発し、3番手の小宅は最終回をわずか5球で締めた。だからこそ、森林貴彦監督(50)やチームメートのために成し遂げた今夏チーム初の完投勝利でもあった。「あの試合で球数を多く投げていたらきょう（21日）の完封はなかった。感謝している」

初戦の北陸戦で7回無失点と好投したが、「直球で空振り取れなかった」と分析。トレーナーの助言で肩甲骨に負担がかかっていたという投球フォームを見直した。「リリースポイントが前に出るようになった」と手応えを得て臨んだ準決勝で、「直球は甲子園に来て一番良かった」と自信をつけた。

大会前から「仙台育英と決勝でやりたい」と語ってきた。中学時代に全国優勝を経験している右腕は「普段はあまり緊張しないが、雰囲気もあり緊張したのを覚えている。それも想定内にして投げたい」。大声援も、独特の重圧も全てを味方にして腕を振るだけだ。

（藤江　広祐）

▲土浦日大を完封し、ガッツポーズする慶応・小宅＝甲子園

▽準決勝

	1	2	3	4	5	6	7	8	9	計
土浦日大	0	0	0	0	0	0	0	0	0	0
慶応	0	1	0	0	0	1	0	0	X	2

【評】慶応は小宅が118球、7安打で完封した。直球で強気に内角を突き、カットボールも効果的に使い、長打を許さなかった。小宅は二回に中堅へ先制二塁打を放ち、自らを援護。スクイズ失敗もあって拙攻が続いたが、六回に渡辺憩の二塁打を足掛かりに、大村の右前適時打で貴重な追加点を挙げた。

土浦日大は三回2死三塁でエース左腕の藤本を投入。ピンチをしのぎ、5回⅓を1失点と粘った。だが打線は七回1死一、二塁などの好機を生かせず、2併殺打だった。

渡辺憩が好リード

⑪…2年生エース小宅の完封劇を好リードで演出した捕手の渡辺憩。「序盤から内角を突いて真っ直ぐのイメージを付けられたので、後半は変化球が効いた」と巧みな試合づくりに手応えがにじんだ。

継投する予定もあったが、「まだいけそうだったので、いかせました」と森林監督に続投の意思を伝え、完封勝利に導いた。先頭打者の六回には左翼フェンス直撃の二塁打で出塁し追加点のホームを踏んだ。

「きょうの投球は95点。残り5点は決勝戦で」と渡辺憩。決勝まで中1日だが、準備に余念はない。

【土　浦】		打	得	安	点	振	球	犠	盗	失	①	②	③	④	⑤	⑥	⑦	⑧	⑨
④	中本	4	0	2	0	0	0	0	0	0	左飛		左飛			右安		右安	
⑦	太刀川	4	0	1	0	0	0	0	0	0	右安			二飛		投併		左飛	
⑥	後藤	4	0	1	0	0	0	0	0	0	一併			左飛			中安		三ゴ
⑧	香取	3	0	0	0	0	1	0	0	0		二ゴ		死球			遊ゴ		中飛
③	松田	4	0	1	0	1	0	0	0	0		三振		投ゴ			右飛		右安
R	勝田	0	0	0	0	0	0	0	0	0									
⑤	鈴木	4	0	0	0	1	0	0	0	0		三振			右飛		遊飛		左飛
②	塚原	3	0	1	0	1	0	0	0	0			右安		投ゴ			三振	
⑨	人井	2	0	0	0	1	0	0	0	0			三飛		三振				
H	飯田	1	0	1	0	0	0	0	0	0								遊安	
R	沼崎	0	0	0	0	0	0	0	0	0									
9	伊藤智	0	0	0	0	0	0	0	0	0									
①	伊藤彩	0	0	0	0	0	0	1	0	0			一犠						
1	藤本	2	0	0	0	1	0	0	0	0						遊ゴ		三振	
	計	31	0	7	0	5	1	1	0	0									

【慶　応】		打	得	安	点	振	球	犠	盗	失	①	②	③	④	⑤	⑥	⑦	⑧
⑧	丸田	3	0	1	0	1	1	0	0	0	四球	一ゴ			中安	三振		
⑥	八木	3	0	3	0	0	0	1	0	0	左安		右安		投犠		右2	
⑦	渡辺千	2	0	0	0	0	0	2	1	0	捕邪		一犠		二ゴ		一犠	
⑨	加藤	3	0	0	0	1	1	0	0	0	三振		右飛		四球		一飛	
③	延末	4	0	1	0	1	0	0	0	0	左飛		右飛		三振			左安
②	渡辺憩	3	1	1	0	0	0	1	0	0		遊ゴ		右飛		左2		投犠
⑤	福井	2	1	1	0	0	1	1	0	0		左安		三ゴ		一犠		敬遠
④	大村	3	0	1	1	0	0	1	0	1		投犠		三飛		右安		捕邪
①	小宅	4	0	2	1	0	0	0	0	0		中2			左安	遊直		一ゴ
	計	27	2	10	2	3	3	6	1	1								

▽二塁打　小宅、渡辺憩、八木▽残塁　土6、慶10▽併殺　土1（松田）＝7回、慶2（延末－八木）後藤＝1回（小宅－八木－延末）太刀川＝6回▽暴投　伊藤彩
▽審判　小林、宅間、金丸、大屋
▽試合時間　2時間8分（中断　4分）

投手	回	打	投	安	振	球	失	責
伊藤彩	2⅔	13	43	4	1	1	1	1
藤本	5⅓	23	72	6	2	2	1	1

投手	回	打	投	安	振	球	失	責
小宅	9	33	118	7	5	1	0	0

土浦日大 あと一本出ず

慶応に敗れ、土を集める土浦日大の選手たち

本塁が遠かった。7安打を放った土浦日大だが、得点機であと一本が出ない。6日の〝開幕試合〟からたびたび集中打を見せてきた打線がつながらず、快進撃が終わった。

小菅監督は「投手戦でも乱打戦でも、後半勝負になる」と踏んでいた。思惑通り0―1で後半へ。しかし六回に2点目を失い、打線は七回1死一、二塁や八回2死一、二塁を生かせなかった。「小宅君は相手ながらあっぱれ。テンポよく投げられ、つけ込めなかった」と敵を褒めるしかなかった。

10安打を浴び、6犠打で揺さぶられながらも、継投と無失策の守備で失点を2に抑えた。三回2死三塁から救援した藤本はここを切り抜け、以降も懸命に腕を振った。

六回、決め球のチェンジアップを捉えられて失点したが「ベストピッチを打たれた。悔いはない」と、笑みさえ見せた左腕。ただ「優勝に導ける投手ではなかった」と、悔しさものぞかせた。

精いっぱいやれた

土浦日大・小菅勲監督の話　負けたのは残念だが、精いっぱいやれた。5、6点取られても仕方ない防戦で、よく2点に抑えてくれた。打線はここにきて力尽きた感じだった。

本当に悔いはない

土浦日大・塚原歩生真主将の話　2人の投手（伊藤彩と藤本）はよく2点に抑えた。ベスト4まで来られて本当に悔いはない。

真っ向勝負へ「プラス」

接戦をものにした慶応の森林貴彦監督は安堵（あんど）の表情を浮かべつつ、本音も漏らした。「5点くらいは取らないといけない試合。苦しかった」。今夏チーム最多の１試合６犠打と小技を駆使するも10残塁２得点と苦しめられた。

相手投手陣の継投は想定していたが、２番手の左腕藤本のチェンジアップが予想以上に良かったという。スクイズも２度失敗し、「３、４点目を取って投手を楽にさせたかったが、うまくいかなかった。攻撃面では課題が残る」と振り返った。

それでも守り勝てたことが最大の収穫だ。「今までは攻撃がうまくいって点が入る試合が多かった。そうじゃなくても勝てたことはプラス」と指揮官。最速150キロ台の投手が並ぶ仙台育英との試合を前に、良いシミュレーションにもなった。

継投させる予定だったが、エース小宅が118球を投げて完封した。森林監督は決勝へ「小宅、鈴木、松井、飯田、加賀城と５人総動員させるつもり」と、昨夏覇者に真っ向から挑む。

（藤江　広祐）

かなスポ
E-mail: sports@kanagawa-np.co.jp
FAX045-227-0167

夏 甲子園　準決勝

重圧を味方に

主将大村の一打で勢い

「野球の神様がくれた最高の舞台」

【慶応－土浦日大】6回裏慶応1死三塁、大村が右前に適時打を放つ。捕手塚原＝甲子園

「野球の神様が最高の舞台をくれた」。慶応の主将大村は試合後、そう言って決勝進出を喜んだ。

ただの決勝進出ではない。相手は春の選抜初戦でタイブレークの末に敗れた仙台育英。その敗戦から慶応は「仙台育英の投手陣を打つため、仙台育英の打線を抑えるため」（大村）に、全ての基準を仙台育英に置いて練習を続けてきた。

だからこそ、準決勝は負けられなかった。

1点リードでどうしても追加点が欲しい六回。二塁打で出塁した渡辺憩を福井が犠打で送って1死三塁。打席の大村に1ボール1ストライクから出されたサインはスクイズ。低めの直球にバットを寝かせるもファウルとなった。

森林監督が「何とか追加点が欲しかった。采配が良くなかった」と振り返った場面。だが大村は「三振する気は全然しなくて、すぐに切り替えられた。粘るのは得意なので」。1ボールを選んだ後、3球続けてカット。最後は甘く入った変化球を右前に運び貴重な2点目を挙げた。

きれいなヒットでなくても1球を仕留める。それも仙台育英を想定して磨いてきた打撃だった。指揮官は「主将の適時打で勢いがついた。感謝している」と賛辞を惜しまなかった。

あえて公言して掲げてきた「KEIO日本一」。その目標を手にする機会を「野球の神様」が整えてくれた。大村は言う。「やっとスタートラインに立てた。この試合のために今までやってきた」

大会を通じて、応援の迫力は慶応がナンバーワン。ブラスバンドが、応援団が、アルプススタンドから空気を震わせる。「今年の甲子園は、自分たちのものなんじゃないかと思っている。決勝は楽しみでしかない」と大村。聖地の興奮を味方に付けて、笑顔で大一番に臨む。

（和城　信行）

今大会初安打に意欲

⚾…慶応の清原に出番はなく、この日は「出ている選手たちは暑い中プレーしているのでサポートした」と黒子に徹したが、「自分の準備も欠かさずやっている」と決勝での今大会初安打に意欲を見せた。

父・和博氏は「選抜で敗れた仙台育英との決勝とは運命的。慶応はこれまで通り、思い切りプレーしてほしい」とエールを送った。

決勝進出を果たし大村の帽子を押さえて笑顔を見せる慶応の清原（立石　祐志写す）

2度目の顔合わせ

⚾…仙台育英と慶応が甲子園で顔を合わせるのは今春の選抜大会に続いて2度目となる。春は初戦の2回戦でぶつかり、仁田、高橋、湯田の3本柱が登板した仙台育英が延長十回タイブレークの末、2－1でサヨナラ勝ちした。

宮城と神奈川の対戦は春夏合わせて7度目で、過去は神奈川の4勝2敗。決勝では2015年夏に対戦があり、東海大相模が10－6で仙台育英を下した。

K 2023

仙台育英に春の借り返せ

八木 集大成の一戦へ

2戦連続猛打賞

慶応の強力打線をつなぐ2番打者が決戦へ調子を上げてきた。七回無死、八木が「体が勝手に反応した。狙い球ではなかったけどしっかり打てた」と右翼線へ鋭い打球を飛ばし、二塁打を含む3安打で好機を演出した。

堅守が持ち味だが、打っても2試合連続の猛打賞。ただ準々決勝では詰まった打球が安打となるなど、仲間から「世界一恥ずかしい猛打賞」とからかわれたという。

それでも2、3回戦は無安打に終わっていただけに、「（準決勝は）リラックスして（試合に）入れた」と八木。実力を証明する打撃結果に、森林監督から「きょうは立派な猛打賞」とたたえられた。

悔しさ力に

選抜大会の仙台育英戦は2打数無安打で途中交代となり、「そこから打撃を見直した」。悔しさを力に変え、集大成の一戦でも躍動する。

（和田　秀太郎）

準々決勝に続き、2戦連続で3安打を放った慶応の八木（立石　祐志写す）

▽準決勝
神村学園（鹿児島）
010 010 000|2
014 000 01×|6
仙台育英（宮　城）
（神）松永、黒木－松尾大、品川　（仙）高橋、湯田－尾形　▽本塁打　鈴木（仙）　2号②（黒木）

仙台育英 会心「うちの野球」

黒土を駆け、相手を揺さぶり続けた。仙台育英は三回までの4盗塁を含む5盗塁に成功。前半で主導権を握った須江監督は「打と打（の力比べ）ではかなわない。足を絡め、1桁安打で勝つのがうちの本来の野球」と会心の表情を浮かべた。

一回、四球で出た先頭の橋本が次打者の初球で走った。「投手の癖が分かった。捕手の肩も強くない」と山田主将。相手の隙を見切って情報を共有し、生かした。

先制された直後の二回は尾形が二盗し、登藤の左前打で追いついた。三回は山田の盗塁が捕手の悪送球を誘い、1死三塁からセーフティースクイズで加点。動揺する相手左腕に鈴木が中越え2ランを浴びせ、5－1とリードを広げた。

仙台育英の新入生は入学後3カ月で走塁技術をたたきこまれる。室内練習場で帰塁、離塁を繰り返し、局面ごとのリードの距離やアウトカウントごとの走路まで、考え抜いた知見を学ぶ。全員が迷いなく状況判断できる「走塁の自動化」が理想だという。

分かりやすい打力、投手力にとどまらない底力を見せつけた。東北勢として初めて日本一となった昨夏から全国選手権は10連勝となった。「そろそろエネルギーが尽きそう。東北の皆さん、パワーを送ってください」と笑顔の須江監督。余裕も漂わせ、史上7校目の偉業へ突き進む。

甲子園日記

愛着のあるグラブ

広い守備範囲に正確な送球。甲子園でも持ち前の守備力が光る遊撃八木は、高校に入学してから一つのグラブを使い続けている。

入学時に父・浩次さんに買ってもらった初めてのオーダーメードのグラブ。「握り替えの早さよりも、確実に捕りたい」とポケット部分は深めにしてある。試合だけでなく、普段の日吉台野球場での練習でも使うのはこのグラブだけ。「愛着があります」と体の一部となっている。

実は小学生の時も一つ、中学3年間も一つのグラブを使い通したという。

「金銭的な負担もかかるし、大学になったらまた買ってもらうという約束なので、大事に使おうと思っています」と八木。道具を大切に使う姿勢が好守を生んでいるようだ。（F）

7安打完封し、拳を握りしめる小宅

２回裏慶応２死二塁。小宅が先制の適時二塁打を放つ

２回裏、先制のホームを
駆け抜ける福井

マウンドに集まり、空を見上げる慶応内野陣

5回裏慶応2死満塁。空振り三振に倒れた延末

６回裏慶応１死三塁。２点目の適時打を放ち、
雄たけびを上げる大村

103年ぶりの決勝進出を果たし、スタンドに駆け出す慶応ナイン

黄桜
関西外大
白鶴
ホテルニューアワジ
大同生命
住友ファーマ
KEIO

崎信用金庫
Keio

大日本塗料
伊藤ハム
日新火災
生活応援バンク
ろうきん
酒は黄桜
関西外大

YKK

エス
一発逆転

明治安田生命
エスリード
大日本塗料
ろうきん

第3種郵便物認可　かながわスポーツ　2023年（令和5年）8月20日　日曜日　スポーツ　6

神奈川高校野球

夏 甲子園　準々決勝

K 2023

かなスポ
E-mail: sports@kanagawa-np.co.jp
FAX045-227-0167

第12日

全国高校野球選手権大会第12日は19日、甲子園球場で準々決勝が行われ、前回大会覇者の仙台育英（宮城）、慶応（神奈川）、神村学園（鹿児島）、土浦日大（茨城）が21日の準決勝へ進んだ。

仙台育英は花巻東（岩手）に9－4で快勝し史上7校目の2連覇へ前進した。慶応は六回に6点を奪い、沖縄尚学に7－2で逆転勝ち。1920年大会以来103年ぶりの4強入りを果たした。

神村学園は八回の5点で均衡を破っておかやま山陽（岡山）を6－0で、土浦日大は八戸学院光星（青森）を9－2で退け、ともに初めての準決勝進出。

準決勝は仙台育英と神村学園、慶応と土浦日大が対戦する。

慶応猛攻 六回一気

屈指の右腕打ち崩す

▽準々決勝

慶　応	0	0	0	0	0	6	1	0	0	7
沖縄尚学	0	0	0	2	0	0	0	0	0	2

【評】慶応は0―2の六回に6得点して逆転勝ちした。1死満塁で加藤が走者一掃の二塁打を放つなど、四球を挟む6連打で畳みかけた。先発の鈴木は5回を2失点で踏ん張り、松井、小宅への継投が決まった。

沖縄尚学は四回に仲田の2点本塁打で先制したが、5安打に抑えられて攻撃の糸口をつかめなかった。東恩納は六回だけ制球が甘くなった。

【慶　応】	打	得	安	点	振	球	犠	盗	失	①	②	③	④	⑤	⑥	⑦	⑧	⑨
⑧丸　田	5	2	2	0	1	0	0	0	0	三振		捕ゴ			右2	左3		左飛
⑥八　木	5	1	3	0	1	0	0	0	0	二安			三振		左安	遊飛		投安
⑦渡辺千	4	1	1	0	1	1	0	0	0	右飛			三振		四球	右飛		中安
⑨加　藤	4	1	1	3	3	1	0	0	0	三振			三振		左2	四球		三振
③延　末	4	1	3	0	0	0	0	0	0		遊飛			中安	右安	中安		
②渡辺憩	3	1	1	1	1	1	0	0	0		三振			遊飛	右2		四球	
⑤福　井	4	0	2	1	1	0	0	0	0		三振			右安	右安		左飛	
5宮　尾	0	0	0	0	0	0	0	0	0									
④大　村	2	0	0	0	0	1	1	0	0			中飛		一ゴ	一犠		四球	
①鈴　木	1	0	0	0	0	0	0	0	0			右飛						
H清　原	2	0	0	0	0	0	0	0	0						投ゴ	三ゴ		
1松　井	1	0	0	0	0	0	0	0	0								中飛	
1小　宅	0	0	0	0	0	0	0	0	0									
計	35	7	13	5	8	4	1	0	0									

【尚　学】	打	得	安	点	振	球	犠	盗	失	①	②	③	④	⑤	⑥	⑦	⑧	⑨
⑧2知　花	4	0	1	0	0	0	0	0	0	一ゴ		二ゴ			遊飛		左安	
④佐　野	4	1	2	0	0	0	0	0	0	遊ゴ			右安		左安		三邪	
⑦9玉那覇	3	0	1	0	0	0	1	0	0	中安			投犠		三邪		遊ゴ	
③仲　田	4	1	1	2	0	0	0	0	0	三ゴ			左本		二ゴ			遊ゴ
⑤川　満	3	0	0	0	1	0	0	0	0		一ゴ		遊ゴ			三振		
H石　川	1	0	0	0	0	0	0	0	0									中飛
①7東恩納	4	0	0	0	1	0	0	0	0		三振		二ゴ			左飛		中飛
⑥宮　平	3	0	0	0	0	0	0	0	0		三ゴ			右飛		右飛		
⑨糸　数	2	0	0	0	0	0	0	0	1			左飛		一ゴ				
1儀　部	0	0	0	0	0	0	0	0	0									
1伊　波	0	0	0	0	0	0	0	0	0									
H大城龍	1	0	0	0	0	0	0	0	0								右飛	
1照　屋	0	0	0	0	0	0	0	0	0									
②大城和	2	0	0	0	1	1	0	0	0			三振		遊ゴ			死球	
R永　吉	0	0	0	0	0	0	0	0	0									
8当　銘	0	0	0	0	0	0	0	0	0									
計	31	2	5	2	3	1	1	0	1									

▽三塁打　丸田▽二塁打　丸田、加藤、渡辺憩▽残塁　慶6、尚4▽併殺　慶0、尚0▽捕逸　大城和
▽審判　吉岡、前坂、井狩、山本飛
▽試合時間　2時間1分

投　手	回	打	投	安	振	球	失	責
鈴　木	5	18	53	3	2	0	2	2
松　井	3	12	28	2	1	1	0	0
小　宅	1	3	5	0	0	0	0	0

投　手	回	打	投	安	振	球	失	責
東恩納	5⅓	24	90	8	7	1	6	4
儀　部	1⅓	8	28	3	0	1	1	0
伊　波	1⅓	4	20	0	0	2	0	0
照　屋	1	4	16	2	1	0	0	0

【沖縄尚学―慶応】6回表慶応1死満塁、加藤が左中間に走者一掃の二塁打を放つ。投手東恩納、捕手

見事修正 〝第2試合〟逆転

加藤「情報共有できた」

大会屈指の右腕、「ミスターゼロ」こと沖縄尚学の東恩納に対し、五回までに7三振。だが一切慌てる様子はなし。打者一巡、一挙6得点の猛攻で103年ぶりに夏8強の壁を破るにふさわしい、慶応の逆転劇だった。

140キロ台中盤のストレートと右打者の外角に逃げる低めのスライダー。東恩納は、森林貴彦監督(50)が「データはいろいろ集めたが、データ通りにいい投手だった」と認める出来だった。

チームがターニングポイントとしたのは、この夏から導入されている五回終了後の10分間の「クーリングタイム」。いったん引き上げたベンチ裏で、「第1試合は完敗。第2試合、頑張ろう」と指揮官。ナインは互いに「直球と変化球の両方を狙っている。もっと整理して」と確認し合った。

「試合の流れを変える」とも言われるクーリングタイム。慶応は大阪入りしてからの練習でも、10分間を計測してシミュレーションするなど準備を整えている。

六回1死満塁から走者一掃の逆転左中間二塁打を放った加藤は「（10分間で）いろいろと情報共有が出来た。自分は今日は高めのゾーンが広いと思っていて」と振り返る。狙い通り、初球のボール気味の高目のストレートを迷いなく捉えた。

「丸田さんが（1死から）出塁して、自分の前の（渡辺）千之亮さんが四球を選んだのも大きかった。ストライクを取りにきたと思う」と加藤。東恩納の連投による疲労と球数も念頭に、「ジワジワ攻めよう」というのも、クーリングタイムで話し合った通りだった。

目標の「KEIO日本一」まであと2つ。だが、勢いに任せず準備を尽くす姿勢は変わらない。加藤は「準決勝も、決勝の前の1試合。今まで通りにチャレンジしていく」と静かに意気込んだ。（[illegible]）

6回1死満塁で走者一掃の逆転適時二塁打を放ちガッツポーズする加藤（立石　祐志写す）

丸田 反撃の突破口

2点ビハインドの六回1死。3打席目を迎えた慶応の丸田は「センターから左中間方向に打とう」と狙うべき打球方向を変えた。

序盤は「真っすぐに刺されないように、引っ張ってやろう」というイメージだった。2打席凡退が続き、迎えた3度目の対戦で「直球を待って、浮いた変化球はシンプルに打つ」と整理した。

初球、真ん中に入ったスライダーを振り、打球が一塁線を抜けると、持ち前の俊足で二塁に到達。「逆方向の意識だったから変化球を待てた。試合の中で修正できた」。と逆転劇の口火を切り、両手を振り上げてベンチを鼓舞した。

七回の第4打席には真ん中付近の変化球をしっかり待って、左中間深くに運んで三塁打。相手の捕逸で5点差に広げるホームを踏んだ。

6回表慶応1死。丸田が二塁打を放ち、反撃の口火を切る（立石　祐志写す）

光る野球勘「まだ通過点」

繊細で鋭い野球勘の持ち主である丸田は大阪入りしてからあることをやめた。それが、バドミントンのシャトルを球に見立てて打つ練習。「意図せず打つポイントが近くなる。シャトルは近くても打ててしまうのでずれが生じる」と硬式球での打撃練習にこだわった。

「どの球種も本当によくて、どれか一つに絞っても捉えきれない良い投手だった。まだ通過点」とたたえた丸田。自らの感覚を信じ、好投手を攻略してたどりついた準決勝も、見据えるのは頂点だけだ。（藤江　広祐）

初先発鈴木 大役全う

変化球効かせ2失点好投

「優勝するための選択」と慶応・森林貴彦監督が甲子園準々決勝のマウンドに送り出したのは、神奈川大会を含めて今夏初先発の左腕鈴木。四回に2点を先制されたが試合をつくり、エース小宅を休ませるという意味でも大きな役割を果たした。

神奈川大会では準々決勝で救援するも、押し出し四球などでピリッとせず。だがそこから、決勝横浜戦の好投などで信頼を取り戻し、大事な試合の先発を任された。

神奈川大会後にリリースポイントを高い位置に変えた。187センチの上背を生かして角度をつけ、かつ縦の変化球を有効に使うため。失投のカーブを2ランとされ「（走者を置いた）あそこはしっかり切らないと」と反省したが、投球自体は「よかった」と手応え十分。右上手の小宅、右横手の松井と並ぶと、その威力はさらに高まった。

この日は第1試合で、宿舎を午前5時過ぎに出発。前日は午後8時半に就寝したというが、「朝、ひげをそり忘れてしまいました。緊張していた」と試合後は苦笑い。

ここからは「どこでもいけるように準備する」と気を引き締め、「やはり先発で投げる方が好き」とも。真っさらな甲子園のマウンドに抱いた好イメージは、今後のチームにとって大きな選択肢となりそうだ。（和城　信行）

今夏初先発し、5回3安打2失点で試合をつくった慶応の鈴木（立石　祐志写す）

上出来の投球だった

慶応・森林貴彦監督の話　（先制2ランは）連打で攻め立てられるより、すっきりした。その後を抑えてくれて、（鈴木の）5回2失点は上出来という感じで、チームが落ち込むことはなかった。

日本一へ思いを強く

慶応・大村昊澄主将の話　いろんな先輩方やコーチ、ベンチに入れない選手も含めて日本一だけを目指してきた。まだまだ道のりは長いと思うので、もっと思いを強くしていきたい。

3本指ポーズ 歓喜の光景を

甲子園日記

親指、人差し指、中指を開いて掲げる。慶応の選手たちがヒットを打った時や伝令で円陣を組んだ時によく見られる3本指のポーズは、学生コーチの数え方をまねしたのが由来だという。

メンタルコーチとして指導する吉岡真司さんのメンタルトレーニングの一環。ピンチの時や勢いに乗りたい時に落ち着きを図る意味で、「No.1ポーズ」を考えた際に、チームで浸透していたこの3本指を広げるポーズが採用された。

「初心に戻れる自分たちの原点にしているポーズ。良いときも悪いときも、これを見たら大丈夫だと思える」と大村。目標とする「日本一」を達成したとき、このポーズでマウンドに歓喜の輪をつくる光景が楽しみだ。（F）

土浦日大 初4強

チームで攻略 11安打9点

▽準々決勝
土浦日大（茨城）
003 005 001｜9
000 110 000｜2
八戸学院光星（青森）
（土）伊藤彩、藤本―塚原（光）洸平、岡本、越智―藤原　▽本塁打　松田（土）2号①（越智）

▽準々決勝
神村学園（鹿児島）
000 000 051｜6
000 000 000｜0
おかやま山陽（岡山）
（神）松永、黒木―品川、松尾大（お）西野、三宅、三浦、井川―土井

▽準々決勝
仙台育英（宮城）
004 400 100｜9
000 000 004｜4
花巻東（岩手）
（仙）湯田、武藤、仁田、田中―尾形、細田（花）小松、北條、葛西、中屋敷、阿部、北條―小林
▽本塁打　尾形（仙）2号①（葛西）

土浦日大9―2八戸学院光星

チーム全体で相手投手を打ち崩した。土浦日大は11安打9得点で初の4強入りと大躍進。今大会で好投していたサウスポー2人を攻略し、小菅監督は「どんな球を投げているか、分析してつないでいく打線」と頼もしげにうなずいた。

三回2死一、二塁、3番後藤が中前にはじき返して先制し、死球を挟んで松田も2点打。内へ食い込んでくる直球にうまく腕を畳んで左前へ。松田は、「データ班」が分析した情報で「内角が多い」と頭に入れ、厳しい球に対応した。

集めていたデータと、各打者の感覚をすり合わせながら、試合中に攻撃の精度を高めていく。そのため「（得点は）どうしても2、3巡目になる」と監督。この日の得点も2巡目に入った直後に生まれた。3回戦で0―6から逆転したように、回を追うごとに攻撃の迫力が増すのが強みだ。

投手が代わった六回も打線がつながり5得点。本塁打を含む4安打3打点の松田は「（ベンチで）初球は何が来たとか逐一、みんなで話し合っている。対応力は打順が回るにつれて高まる」と胸を張る。相手の継投策を苦にせず快進撃を続け、次も好投手がそろう慶応。一丸となって攻撃を仕掛けるチームが、勢いに乗って決勝進出を狙う。

【土浦日大―八戸学院光星】9回表、本塁打を放ち、ベンチを指さす土浦日大・松田

主戦東恩納、力尽きる

沖縄尚学 …沖縄尚学はエース東恩納が力尽きた。五回までは快調だったが、2―0の六回、1死から四球を挟んで5連続長短打を浴びて降板。味方のミスも絡んで6点を失い「抑えたい気持ちが強すぎて、球が高めに浮いた。ずるずるいってしまった」と唇をかんだ。

2試合連続完投してきた背番号1が崩れ、沖縄尚学は夏では初となる4強入りを果たせなかった。東恩納は試合後、大学に進学してプロを目指す意向を示し「2度も甲子園に出られて、とてもいい経験ができた。次の舞台で生かしていきたい」と前を向いた。

仙台育英に敗れ、チームメートと抱き合って涙を流す花巻東・佐々木麟(右)

佐々木麟、悔し涙

花巻東 …八回まで2安打に抑え込まれた花巻東は0―9の九回に必死の反撃を見せた。四球と3連打で2点を奪い、20人目となる代打寿時の内野ゴロでもう1点。さらに2連打で4―9として2死一、二塁で、3番の佐々木麟に回した。

しかし主砲は二ゴロ。一塁に頭から滑り込んだが間に合わず「最後打席を回してくれて本当にありがたかった」と顔に土をつけたまま、涙を浮かべた。

史上最多とされる高校通算140本塁打を誇るスラッガー。聖地でも一発を期待されたが、この日は無安打で、最後の甲子園大会は単打6本3打点の成績で終えた。「野球人生は終わりではない。今後のことに関しては岩手に戻ってから決めたい」と話した。

5番尾形、打線けん引

仙台育英 …今大会3度目の2桁安打をマークした仙台育英は、5番尾形が3安打3打点と打線をけん引した。三回に先制の2点二塁打。8―0の七回は今大会2本目となる一発を左翼ポール際へ打ち込み「逆方向の本塁打は初めてなので不思議な感じ。成長したのかな」と頬を緩めた。

捕手としては八回まで湯田らを好リードし「完璧に近かった。それが攻撃にも生きたと思う」と自画自賛。昨年の優勝にも貢献した扇の要は「1試合に全てを出し切る気持ちでやっていく。準決勝も硬くならず、自分たちの野球をしたい」と力強かった。

6回表慶応1死満塁。左中間に走者一掃の二塁打を放つ加藤

6回、加藤の二塁打で生還した（左から）八木、丸田、渡辺千

6回表慶応1死二塁。延末の右前適時打で生還した加藤

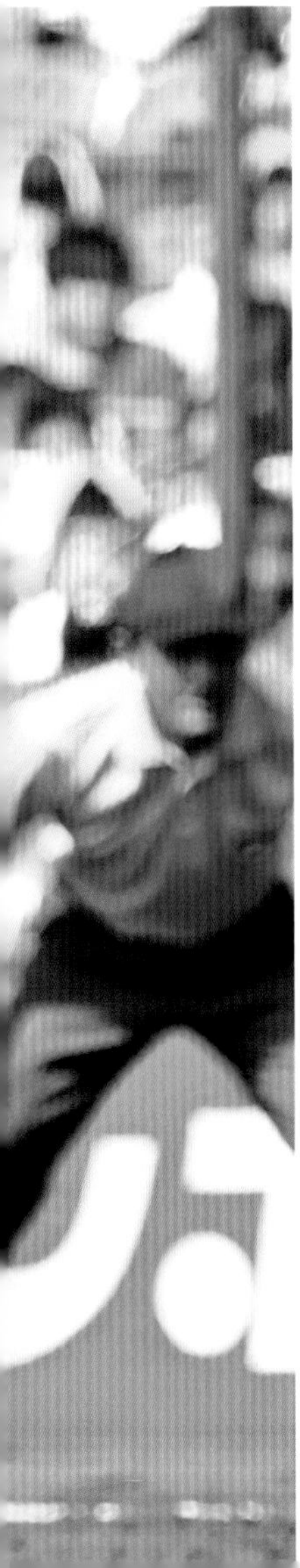

6回から登板し、3イニングを投げて2安打無失点と好リリーフした松井

6回に代打で登場し、スタンドを沸かせた清原

甲子園で初めて先発し、5回2失点で試合をつくった鈴木

1　「優勝旗を持って戻れるよう全力を尽くす」と話す大村主将＝８月２日、JR 新横浜駅
2　抽選会でくじを引き、読み上げる大村主将＝８月３日、大阪市内
3　練習の合間、熱中症対策でシャーベット飲料を飲む慶応の選手たち＝大阪府内
4　抽選会場の最前列に座った慶応ナイン。周囲を見渡す清原＝８月３日、大阪市内
5　甲子園見学で、外野フェンスを確認する慶応ナイン＝８月３日、甲子園
6　開会式で慶応のプラカードを担当した女子高校生

7　練習中に言葉を交わす森林監督と赤松部長（右）＝８月20日、兵庫県内
8　練習前、目を閉じて精神統一する慶応の選手たち＝８月10日、大阪府内
9　練習会場で仙台育英の須江監督と談笑する森林監督（右）＝８月８日、兵庫県内
10　決勝前日、練習会場で報道陣に囲まれる森林監督＝８月22日、兵庫県内
11　シート打撃で柵越えを放ち、笑顔を見せる笠井＝８月７日、大阪市内
12　全国制覇を果たし、握手する大村主将と森林監督＝８月24日、大阪府内

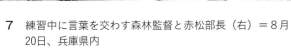

第3種郵便物認可　かながわスポーツ　2023年（令和5年）8月17日 木曜日　スポーツ　6

かなスポ
E-mail: sports@kanagawa-np.co.jp
FAX045-227-0167

神奈川高校野球
夏 甲子園　3回戦

K 2023

全国高校野球選手権大会第10日は16日、甲子園球場で3回戦4試合が行われ、慶応が勝って15年ぶりに準々決勝に進出した。沖縄尚学は9年ぶり、八戸学院光星（青森）は4年ぶりに8強入りした。土浦日大（茨城）は春夏を通じて初のベスト8。

慶応はタイブレークの延長十回に延末の2点適時打などで3得点し、6－3で今春の選抜大会4強の広陵（広島）に競り勝った。沖縄尚学は5－1で創成館（長崎）を下し、八戸学院光星は6－3で文星芸大付（栃木）を退けた。土浦日大は専大松戸（千葉）に10－6で逆転勝ち。

19日に予定される準々決勝のうち、第1、第2試合の組み合わせが決まり、沖縄尚学－慶応、土浦日大－八戸学院光星となった。

第10日

慶応 進化の片りん

タイブレーク制し8強

▽3回戦

	1	2	3	4	5	6	7	8	9	10	計
慶応	2	0	1	0	0	0	0	0	0	3	6
広陵	0	0	1	0	0	1	1	0	0	0	3

（延長10回、10回からタイブレーク）

【評】慶応が3－3の延長十回に3点を挙げて競り勝った。二ゴロの間に勝ち越し、さらに2死満塁から延末が2点適時打を放った。延末は先制打も含め5打点。九回から登板した松井が2回無失点と好救援した。
広陵は六、七回に1点ずつを取って一度は追い付いたが、八回の併殺打や九回のバント失敗が痛かった。高尾の152球の力投は実らなかった。

延長戦を想定し練習

慶応・森林貴彦監督の話　タイブレークの練習は練習試合も含めてやってきた。（先頭の丸田は）3点くらいは取らないと苦しいと思っていたので打たせた。

2年半の頑張り結実

慶応・大村昊澄主将の話　日頃の練習から甲子園で強い相手と接戦で試合するイメージでやってきた。この日のために2年半頑張ってきたというような試合だった。

【慶応】		打	得	安	点	振	球	犠	盗	失	①	②	③	④	⑤	⑥	⑦	⑧	⑨	⑩
⑧	丸田	4	2	2	0	1	1	0	2	0	四球	一ゴ		三振			遊安			右安
⑥	八木	4	1	0	0	1	1	0	0	0	捕邪		四球		三振		中飛			左飛
⑦	渡辺千	5	0	1	1	1	0	0	0	1	三振		左安		三ゴ			遊ゴ		三失
⑨	加藤	3	1	0	0	2	1	1	0	0	四球		投犠		三振			三振		三飛
③	延末	5	0	2	5	0	0	0	0	0	左安		二ゴ			中飛		左飛		右安
②	渡辺憩	5	0	1	0	0	0	0	0	0	中飛		遊飛			遊ゴ			遊安	中飛
⑤	福井	3	0	1	0	1	0	1	0	0		左安		中飛		三振			一犠	
④	大村	2	1	1	0	0	1	1	0	0		投犠		左安			四球		遊ゴ	
①	小宅	2	0	0	0	1	0	1	0	0		三振		捕犠			投併			
1	鈴木	0	0	0	0	0	0	0	0	0										
H	安達	1	0	0	0	0	0	0	0	0									中飛	
1	松井	0	1	0	0	0	0	0	0	0										
	計	34	6	8	6	7	4	4	2	1										

【広陵】		打	得	安	点	振	球	犠	盗	失	①	②	③	④	⑤	⑥	⑦	⑧	⑨	⑩
⑧	田上	6	0	0	0	1	0	0	0	0	二ゴ		左飛	二ゴ		二直		中飛		三振
⑤	谷本	5	1	2	0	0	0	0	1	0	三ゴ		右2		一ゴ		遊直		右安	
③	真鍋	4	1	1	0	1	1	0	0	0	四球		三振		中飛		中安		三飛	
⑥	小林	5	0	3	1	0	0	0	0	0	遊飛		左安		左2		右2		左飛	
②	只石	4	0	1	1	0	1	0	0	0		左安	二ゴ		遊ゴ		遊ゴ		敬遠	
⑦	高橋	4	1	1	0	0	1	0	0	0		四球		二ゴ		左2	二ゴ		二飛	
7	金山	0	0	0	0	0	0	0	0	0										
⑨	浜本	3	0	1	0	1	0	2	0	0		一犠		投ゴ		一犠		二安		三振
①	高尾	4	0	1	0	1	0	0	0	0		三振		遊安		投ゴ		二併		
H	土居	1	0	0	0	1	0	0	0	0										三振
④	松下	4	0	3	1	0	1	0	1	1		中飛		右安		右安		中安		四球
	計	40	3	13	3	5	4	2	2	1										

▽二塁打　谷本、小林2、高橋▽残塁　慶8、広15▽併殺　慶1（大村－八木－延末）高尾＝8回、広1（高尾－小林－真鍋）小宅＝7回▽暴投　高尾2
▽審判　尾崎、北田、前田、山本飛
▽試合時間　2時間58分

投手	回	打	投	安	振	球	失	責
小宅	6	28	91	8	2	2	2	2
鈴木	2	9	37	4	0	0	1	1
松井	2	9	36	1	3	2	0	0

投手	回	打	投	安	振	球	失	責
高尾	10	42	152	8	7	4	6	3

【広陵－慶応】延長10回表慶応2死満塁。延末が右前に2点適時打を放つ＝甲子園（立石　祐志写す）

内角狙い 延末5打点

コンバットマーチ「ダッシュKEIO」が勇ましく鳴り響く三塁側アルプス席が揺れていた。タイブレークに突入した延長十回。敵失で勝ち越すも4番加藤が二飛に倒れ、なおも2死満塁の場面で延末に打席が回った。

前の打席に内角直球で左飛に詰まらされたことが頭をよぎる。「もう一回来ると思い、上からたたく意識を持った」。144㌔の内角球を振り切り、一、二塁間を破った。5打点の殊勲者は「歓声が気持ちよかった」と両手を振り上げた。

外角球が生命線の広陵高尾を攻略すべく、練習では打撃マシンを外角いっぱいのコースに設定して振り込んできた。打撃投手の学生コーチに投球フォームをまねして投げてもらったり、宿舎の大広間の壁に高尾の映像を映したりしてイメージを膨らませ、「外角のストライクからボールになる変化球は振らない」とチームで定めた。

三回までに延末の2点適時打などで3点を先制。しかし、さすがは今春の選抜4強の広陵をけん引する2年エース。尻上がりに球威は増し、四回以降は無得点に抑え込まれた。それでも、日頃から培ってきた「考える力」がここ一番でさえた。

「内角球が増えてきた。左打者がインコースを張る打席があってもいいと選手で話し合った」と大村。初戦から修正して低めの変化球を見極めていた延末も自ら考え、内角を狙ったことが決着をつける一打に結実した。

「（高尾は）真っすぐも変化球も一級品。全て打とうとしたら打てないので絞って、練習でやってきたことが出せた」と延末。強打に機動力もあれば、柔軟な思考力で窮地を打開し勝ち筋を付ける。群雄割拠の神奈川を制した何よりの証拠であり、激闘の中で再び進化の片りんを示した。

（藤江　広祐）

「想定内」の守備 接戦つかむ
心の余裕 勝利導く

3―2の七回1死二、三塁。慶応の内野陣は前進守備を敷かずに「1失点は仕方ない」という判断で陣形を選択した。3点を先制したが、接戦で後半にもつれる展開も「想定内」。まだ勝負どころではないとの心構えで、焦りはなかった。

広陵の打者は中軸の只石。大村は直面する窮地でこう考えていた。「同点オッケー。前に出て二走もかえられるよりは、確実にアウトを取ろう」。すると伝令の安達も「後ろで守ろう」と森林貴彦監督（50）の指示を伝えてきた。

「内野陣で意思疎通はできていたので、想定内だった」と大村。只石を遊ゴロに打たせると、三塁へ送球した八木の好判断も光り、二走を挟殺プレーでタッチアウト。狙い通り同点で食い止め、指揮官も「1点を惜しんで2、3点を取られるのが高校野球の負けパターン。1点で抑えられたのが結果的には勝因となった」としてやったりだ。

「攻撃でも守備でも、最低な結果も全て想定内にしようとやってきた。同点も想定内」と延末は言う。地に足着いた心の余裕も勝利へ導く大きな要因となっている。

（藤江　広祐）

8回裏広陵無死一塁。4―6―3の併殺に成功した二塁手大村と遊撃手八木⑥（立石　祐志写す）

小宅は6回2失点

①…慶応の先発小宅は8安打を浴びながら6回2失点と好投。「六回までの予定。得点後に点を取られないことを考えた。1点でもリードしてつなぐことはできた」と汗を拭った。

スイングが鋭い打者が並び、「しっかり低めと高めを区別する」とコースが甘くならないように気を配った。五回2死二塁では「特に良かった」というカットボールで遊ゴロに仕留めた。1点差に追い上げられた六回2死一塁では直球で二直とし、最少失点で役目を果たした。

準々決勝も大黒柱としてけん引する右腕との投げ合いが濃厚で「最低限の投球をする」と意気込んだ。

9回から登板、最後の打者を三振に打ち取り、雄たけびを上げる松井（立石　祐志写す）

松井 2回無失点
直球磨き「春」の雪辱

延長タイブレークの十回。3点のリードをもらった慶応の松井は自信を持って腕を振った。「持ち味はサイドからの真っすぐ。信じて投げれば抑えられる」。最後の打者を138㌔の外角直球で空振り三振に仕留め、グラブをたたき、ほえた。

九回に3番手でマウンドを託された。初戦の北陸戦では9点リードの九回に4失点。リベンジ登板でもあったが、「その意識は消して、目の前の打者に集中した」。無失点で切り抜けるとタイブレークの延長十回も「四死球は良くない。（ストライク）ゾーンに強い球を投げよう」とストライク先行で押し切った。

春の一球は後悔が残った。3月の選抜大会。同点の延長十回に仙台育英の山田にスライダーをサヨナラ打とされた。「冬に磨いてきたのは直球。変化球でカウントを取ろうとせずに投げきる」と誓い、神奈川大会決勝でもラストボールに選んだのはストレートだった。

中学時代から背番号は自分で縫い付けてきた。「1番」をもらった春の選抜は「家族の思いも背負う」と母に付けてもらった。「最後の夏なので験担ぎ」と集大成の大舞台では自ら縫って挑んでいる。

「経験が一番の取りえ」と松井。厳しい局面もどんと来いだ。

（藤江　広祐）

3回裏のピンチをしのぎ、ベンチに戻る遊撃手八木と二塁手大村（右端）

9回裏広陵1死一塁。飛球を好捕する左翼手渡辺千

1回表慶応2死二、三塁。延末の左前適時打で三走丸田（8）に続き二走加藤（中央）が生還

10回裏2死満塁。最後の打者を三振に打ち取って雄たけびを上げる松井

K
KE
IO

第3種郵便物認可　かながわスポーツ　2023年（令和5年）8月12日 土曜日　スポーツ　6

神奈川高校野球

夏 甲子園　2回戦

加藤「春」の借り返す

積極性が奏功 猛攻に火

悔しさを晴らす場面はいきなりやってきた。慶応の初回2死三塁。「初球の内角は厳しくて振れなかったが、整理して打席に立てた」。4番加藤は140㌔台の直球で攻められるも7球目を左前にはじき返し、猛攻に火を付けた。

同じ栃木県出身で同級生の先発小宅が「楽になり助かった」と感謝した援護点。相手のデータを参考にしつつ、忘れないのは「あまり絞ることはない。甘い球は全部スイングする」という積極性だ。四回無死一塁では、低めのスライダーを左翼線に引っ張り、チーム初長打で突き放した。

今春は不調にあえぎ、仙台育英（宮城）との選抜大会初戦も代打での出場。直球だと思って振った球が手元で曲がり、中飛に倒れた。

実は、7月初頭に一つの答え合わせができていた。仙台育英との練習試合で、相手の捕手尾形と話す機会があったという。「自分は初球から振る打者だから、変化球で入ったと言っていた」。対戦相手の視点を踏まえた上でスタイルを変えず、直球を待ちながら変化球を打つ技術を磨いた。

中学時代も気付けば家の外でバットを振っていた。ただ、神奈川大会準々決勝では体調不良で途中交代。「春まではとりあえず練習すればいいという感じだった。暑いので休むことも覚えられた」とコンディショニングの重要性を知った。

3回戦の相手は選抜ベスト4の名門広陵。「投手陣が良いイメージで、打者もレベルが高い。県大会から続けてきたチャレンジを意識したい」と加藤。次戦もファーストスイングから目が離せない。（藤江　広祐）

1回、先制打を放ち笑顔の加藤＝甲子園（立石祐志写す）

打線爆発 慶応快勝

五回まで毎回得点

K 2023

全国高校野球選手権大会第6日は11日、甲子園球場で2回戦が行われ、沖縄尚学、広陵（広島）、慶応、文星芸大付（栃木）が3回戦に進んだ。

沖縄尚学は東恩納が8安打を許しながら完封し3―0でいなべ総合学園（三重）を下した。今春の選抜大会4強の広陵は立正大淞南（島根）を六回に逆転して8―3、慶応は12安打と打線が活発で北陸（福井）に9―4で勝った。

文星芸大付は初出場の宮崎学園を八回に逆転し、乱打戦を9―7で制した。

第6日

▽2回戦

	1	2	3	4	5	6	7	8	9	計
慶応	1	1	3	2	2	0	0	0	X	9
北陸	0	0	0	0	0	0	0	0	4	4

【評】慶応が12安打9得点で快勝した。一回に加藤の適時打で1点を先制。二回も3連打と死球で1点を加えるなど打線がつながり、五回まで毎回得点で9点をリードした。先発の小宅は変化球に切れがあり、7回4安打無失点の好投だった。

北陸は守備の乱れが響いて先発の竹田は3回⅔で7失点。九回に友広の2ランなどで反撃したが、及ばなかった。

【北　陸】

守	選手	打	得	安	点	振	球	犠	盗	失	①	②	③	④	⑤	⑥	⑦	⑧	⑨
⑧	小南	4	0	0	0	1	1	0	0	0	左飛		三振			三直		四球	三ゴ
⑥	中浦	4	0	0	0	1	0	0	0	1	三ゴ			遊ゴ		三振		二ゴ	
②	平田	4	1	1	0	0	0	0	0	1	二ゴ			中飛		遊ゴ			中安
⑦	小矢	4	0	1	0	1	0	0	0	0		一ゴ		遊ゴ			左2		三振
④	児玉	3	1	0	0	1	1	0	0	0		二ゴ			三振		左飛		四球
③	野路	3	0	2	0	0	0	0	0	1		中安			左安		右飛		
3	山根	1	0	0	0	0	0	0	0	0									一ゴ
⑤	谷崎	2	0	0	0	2	0	0	0	0		三振			三振				
5	梅田	1	0	0	0	0	0	0	0	0							遊ゴ		
5	岩本	0	0	0	0	0	0	0	0	0									
H	宮脇	1	1	1	2	0	0	0	0	0									左3
①	竹田	1	0	0	0	0	0	0	0	0			遊ゴ						
19	友広	3	1	2	2	0	0	0	0	0					右安			右飛	左本
⑨	水野	3	0	0	0	1	0	0	0	0			左邪		遊ゴ			三振	
1	川上	1	0	1	0	0	0	0	0	0									二安
R	立花	0	0	0	0	0	0	0	0	0									
	計	35	4	8	4	7	2	0	0	3									

【慶　応】

守	選手	打	得	安	点	振	球	犠	盗	失	①	②	③	④	⑤	⑥	⑦	⑧
⑧	丸田	4	1	2	2	0	1	0	1	0	遊安	死球	中安		一失		中飛	
⑥	八木	4	1	0	0	2	1	0	0	0	左飛	三振	三振		四球		右飛	
⑦9	渡辺千	4	1	1	2	1	1	0	0	0	三振	右飛		四球	左2			三ゴ
⑨	加藤	3	2	2	2	1	1	0	0	0	左安		四球	左2	三振			
7	山本	1	0	0	0	0	0	0	0	0								二ゴ
③	延末	5	1	1	0	2	0	0	0	0	右飛		左安	三振	中飛			三振
⑤	福井	4	0	1	1	1	0	0	0	0		右飛	三振	左2		遊飛		
②	渡辺憩	4	2	2	1	1	0	0	0	0		中安	左安	右飛		三振		
④	大村	4	0	1	0	1	0	0	0	0		右安	遊失	三振		一ゴ		
①	小宅	3	1	2	1	0	0	0	0	0		中安	遊ゴ		右2			
H	清原	1	0	0	0	0	0	0	0	0							左飛	
1	鈴木	0	0	0	0	0	0	0	0	0								
1	松井	0	0	0	0	0	0	0	0	0								
	計	37	9	12	9	9	4	0	1	0								

▽三塁打　宮脇▽二塁打　加藤、福井、小宅、渡辺千、小矢▽残塁　陸6、慶8▽併殺　陸0、慶0
▽審判　大屋、中島、小林、前坂
▽試合時間　2時間24分

投手	回	打	投	安	振	球	失	責
竹田	3⅔	22	71	9	4	3	7	4
友広	4	16	58	3	4	1	2	2
川上	1	3	11	0	1	0	0	0

投手	回	打	投	安	振	球	失	責
小宅	7	25	80	4	5	0	0	0
鈴木	1	4	24	0	1	1	0	0
松井	1	8	30	4	1	1	4	4

最後は「魔物」感じた

慶応・森林貴彦監督の話　これだけ先に大量点を取れると思っていなかった。最後は（甲子園の）魔物のようなものを感じられたので、良い経験ができた。

厳しい経験次生かす

慶応・大村昊澄主将の話　（九回は）厳しい展開を経験すれば次に生きると思っていた。松井が抑えてくれると信頼して、相手に行きかけている流れを楽しんだ。

選手ひと言

渡辺憩（好リードに2安打1打点）　長打は狙わずにチーム打撃をした。（小宅は）球が来ていた。いつも通り打たせる投球と、ここぞで投げ込める精度があった。

エースの不調響く

北陸⑪…北陸は強打の慶応に打ち込まれた。エース友広が福井大会の初戦で右肘を痛めた影響で、先発は2年生の竹田。友広は0―6とされた四回無死二塁で登板したが、相手の勢いを止められず失点を重ね「流れを持ってこられなかった」と責任を背負った。

攻撃でも核となる打力の持ち主で、九回に公式戦初本塁打となる2ランを左へ放ち「最後にやってきたことが実った」と、少し晴れやかな表情。エースが不調でも県大会を勝ち抜いて甲子園にたどり着いたチームを、林監督は「みんなで支え合って、能力以上のものを出してくれた」と評価した。

北陸ひと言

林監督（九回の4点は）　だらけていたチームが、最後まで諦めずにできるようになった。そういうことを分かってくれたことに価値がある。

笹井主将　慶応はデータ以上にすごいチームだった。低めの球もしっかり打ち返していた。

竹田投手（2年生。四回途中7失点）　自分が2、3点に抑えていれば勝てた試合で、申し訳ない気持ち。慶応打線は1番から9番までミート力がすごかった。

平田捕手　完敗です。相手の打者が素晴らしかった。

野路一塁手（2安打）　何とか塁に出ることを考えた。振り切ることだけは意識した。

エース小宅 冷静と強気

七回2死三塁。先頭に長打に許し、この日初めて三塁に走者を置いた場面で、慶応の小宅は冷静と強気を両天秤にかけたような投球を見せた。

二塁から主将大村が「9点差あるから点を取られてもいいよ」と駆け寄る。小宅は「確かにそうだな」と切り替えつつ、「無失点に抑えたかった」。右打者にカットボールを続けて追い込むと、最後は141㌔の直球で詰まらせた。

進化を止めない2年生だ。神奈川大会後も体重を3㌔増やし、直球の出力を維持。手首の角度を直球と同じようにすることで、120㌔台後半だったカットボールも130㌔に届くようになった。この日、「空振りが取れない」と思い通りの直球ではなかったが、スライダーとカットボールを低めに徹底して配し、7回を散発4安打無失点。80球で締める圧巻の投球だった。

次戦はプロ注目のスラッガー真鍋を擁する広陵に相対する。「（相手の）2年エースの髙尾君には負けたくない」。掲げた「破顔一笑」を体現した後、プライドをにじませた。（藤江　広祐）

「無失点に抑えたかった」

7回4安打無失点と好投した小宅（右）と渡辺憩の慶応バッテリー（立石　祐志写す）

磨いてきた対応力体現

森林貴彦監督（50）が言う。「春の仙台育英さんの投手陣を基準に4、5カ月やってきた。財産になった」。五回までの毎回得点は、そんな一段階上がった慶応打線の対応力の高さを示した。

5点を先行した三回までの8安打は全て単打。そして四、五回は4本の二塁打で大勢を決める貫禄ぶりだった。相手の先発は140㌔台の直球にスライダーを織り交ぜる本格右腕。「低めは追い込まれるまでは仕方がないと割り切り、外中心の高めに浮く球が多いというデータ。それを逃さず打てた」と大村。12安打中7本がファーストストライクを捉え、「甘い球を逃さない」意識は申し分なく発揮された。

スイングまでの時間を早くするため、笛の合図で置きティーを打つ練習や、打撃マシンで遅いボールを自分のポイントまで引きつけて振る練習などを工夫。序盤から攻められる打力を備えた。

「一球に対する集中力。良い投手になるほど追い込まれやすいが、その中で最低限の打撃ができるか」と大村。ナインは、勝つごとに練習の成果を実感できる夏を過ごしている。（藤江　広祐）

【慶応―北陸】2回裏慶応1死一塁、大村が右前打を放つ（立石　祐志写す）

清原「声援に感謝」

⚾…「代打、清原君」。場内アナウンスに、甲子園球場全体がこの日一番の大歓声と拍手を送った。七回の先頭打者として打席に立った清原は3球目の直球を強振。快音を残したが、痛烈な打球は惜しくも左翼手のグラブに収まった。

「声援には感謝しかない。力に変えて打ちたかった」と清原。この日はプロ野球・西武、巨人などで活躍した父和博氏も次男の勇姿を見守っており、「素晴らしいスイングだった。懸命にチームに貢献しようとする姿が見られる。僕の甲子園13本塁打より価値がある」とコメントした。

先発し、７回４安打無四球無失点と好投した小宅と渡辺憩のバッテリー

３回裏慶応１死一、二塁。左前に適時打を放つ渡辺憩

1回裏慶応2死三塁。加藤が左前に先制タイムリーを放つ

1回裏慶応1死一塁。
丸田が二盗を決める

KEIO日本一

進化したエンジョイ野球

第105回全国高校野球選手権記念大会は慶応が107年ぶり2度目の優勝を成し遂げて幕を閉じた。30年にわたって踏襲されてきた「エンジョイ・ベースボール」の躍進の軌跡をたどる。

（神奈川新聞運動部　藤江　広祐）

エリート集団　自由な風土 魅力に

見たこともない光景だった。甲子園球場で8月23日に行われた第105回全国高校野球選手権記念大会の決勝。甲子園のスタンド左半分が一斉に波打っていた。神奈川代表の慶応の選手たちは在校生やOBらの大応援を受け、序盤から普段通りの野球を貫いた。

今春の選抜大会で敗れた仙台育英（宮城）との「運命的な一戦」。先頭打者の丸田が大会初の先頭打者本塁打を放てば、先発を任された左腕の鈴木は4回2失点と好投。エースの小宅も安定した投球で、107年ぶりの日本一を喜び合った。

髪形をはじめ、自由なスタイルは、過去に全国優勝を果たした強豪校などと一線を画す一方、中学時代に全国大会出場の経験を持つ選手も多い。彼らは全国屈指の高偏差値という関門を突破し、選手の主体性を尊重する慶応野球に憧れた、真の文武両道を目指すエリート集団だった。

慶応の入学方法には内部進学のほかに、一般、帰国生、推薦の三通りがある。ただ、いわゆる「スポーツ推薦」のように競技の成績だけで合格が決まることはない。

スポーツで優秀な実績を残した中学生が対象の推薦枠も、学校の内申点が45点満点中で38点以上あることが最低条件。そこから面接や作文を通じて合格者を決めていく。有望な中学選手のスカウティングには一定のハードルがあり、森林貴彦監督（50）も「私は『受けて下さい』という話までしかできない」と話す。

今大会全5試合で防御率0・64と驚異的な数字を記録したエース小宅は、4番も任された加藤と共に県央宇都宮ボーイズ（栃木）で全国優勝を経験。進学に当たっては50～60の高校から誘いを受けた。

それでも慶応の受験に挑戦したのは、過度な上下関係がなく自由な雰囲気に引かれたから。「中学3年の秋に森林さんの著書を読み、加藤と話して決めた」と小宅。加藤も「自分で考える野球で成長できると思った」と当時を振り返る。

中学の内申点が45点満点で「44」だった丸田は「野球一本にならず、将来の選択肢を増やすために文武両道したかった」と進学を決めた。「やらされていない野球が一番。自分の意思でやったことが評価してもらえる」と充実した2年半を過ごした。

卒業後は東京六大学野球のステージに進める利点に加え、慶応というブランド力もある。ある県内の高校野球指導者は「（スカウティングをしていても）慶応の名前には勝てない」などと本音を明かす。

もちろん難関校のため、入学後も公式戦直前にテスト時期が重なれば、野球を理由に勉強をおろそかにはできない。主将の大村は言う。「自分たちは勉強も一緒に頑張らないといけない。私生活も全て高校野球につながっていると思って過ごしてきた」

徹底した準備　新制度生かし攻略

それまでの沈黙がうそのようだった。準々決勝・沖縄尚学戦の六回。慶応は3安打7三振に抑え込まれていた相手右腕の東恩納から6安打を集中させ、一挙6得点で試合をひっくり返した。

今大会から暑さ対策で導入された五回終了時の「クーリングタイム」。この10分の間が試合を分けるポイントになり得ると、森林監督は早々に見抜いていた。

大会開幕2日後の8月8日。森林監督は一本の電話をかけた。「あの時間に何ができるのかを教えていただきたくて」。相手は、開幕試合で劇的勝利を挙げた土浦日大（茨城）の小菅勲監督（56）。年に数回、練習試合を組むなど交流の深い相手に約5分間にわたり、説明を求めた。

その後も、複数の監督に聞くなどして対応策を模索。「（六回は）2度目の立ち上がり、2試合目の開始みたいなイメージ。当然試合は動くし、不安定になる」と分析した。

107年ぶり2度目の優勝を決めて喜ぶ慶応の選手ら

クーリングタイムでは、出場選手がサーモグラフィーで体表温度を測り、高い場合は体を冷やす必要がある。慶応は練習中にストップウオッチで10分間を計測。栄養飲料を補給しながら、残り時間で効率よく戦術を整理する訓練をしていた。

徹底した準備は実を結ぶ。沖縄尚学戦で逆転打を放った4番加藤は「クーリングタイムの練習をしたことで（六回から）試合に入りやすかった」。選手間で、相手エースの疲労具合から好機が増える可能性を頭に入れ、攻略に成功した。

延長の戦い方も練習

延長タイブレークにもつれ込んだ3回戦の広陵戦も、今春の反省を見事に生かした勝利だった。

選抜大会初戦の仙台育英戦では延長十回を無得点で終え、裏の守備でサヨナラ打を献上した。

それ以来、学校での練習だけでなく、練習試合でも相手の監督に頼んでタイブレークの練習を繰り返した。

「表の攻撃で点が取れれば、（バントなど相手の作戦が限られるため）裏の守り方はある程度決まる。追い付こうとする打者も重圧がかかり、表裏の有利不利の差は縮まる」と森林監督。実戦形式の練習では点差を考えた攻守の方法を何度も確認してきた。

打順ごとの攻め方も想定していたからこそ、広陵戦では先頭打者で1番丸田の強攻策が当たって3得点。「『3点あるから（犠打で）送ってこないよね』と意思統一し、打者に集中して守れた」（森林監督）と、硬くなる相手打線を前に無失点で試合を締めた。

指揮官が必要な情報を集め、準備して慣れることで選手の不安を取り除く。与えられた時間を惜しみなく使ったからこそ、平常心を忘れずに勝利を重ねることができた。

継投策　重圧経験　自信与える

準々決勝・沖縄尚学戦前日の練習。ブルペンで投げ込む2年の鈴木に報道陣のカメラが向いた。「きょうの方が緊張するだろ」。今思えば、森林監督の一言は勝負の一手を意味していたのだろう。

指揮官はエース小宅ではなく、背番号10の鈴木を今夏初めて先発のマウンドに送った。左腕は「森林さんからはいつでもいけるようにと言われていたので、準備はしていた」と5回2失点の粘投で応え、背番号11の松井に継いだ。

九回に登板した小宅が投じたのはわずか5球。この采配が次の準決勝・土浦日大（茨城）戦に生きた。2―0の投手戦で戦術面のミスもあった。「（投手の）替え時がない。想定していなかった展開」（森林監督）も、小宅は凡打の山を築き、118球で公式戦初の完封勝利。右腕は「（準々決勝の）温存がなければ完封はなかった」と感謝した。

かねて森林監督は「甲子園は小宅だけでは持たない」と口にしていた。神奈川大会の起用法を見てもその意図は顕著だった。

東海大相模との準決勝の六回だ。準々決勝・横浜創学館戦で押し出し四球で失点していた鈴木を迷わず救援起用。点差はあったが、強力打線を相手に重圧のかかるマウンドを経験させた。日本一への道のりには、自信を植え付けさせることが不可欠。決勝の横浜戦も鈴木、松井の好リリーフが逆転勝利に結実した。

成長促す大胆起用

大阪入りしてから鈴木、松井の頼も

しさは一段と増した。神奈川大会では、先発した小宅は降板後、左翼に回って万が一の場合の再登板に備えた。一方、北陸（福井）との初戦、次の広陵（広島）戦で、指揮官は好投した小宅をベンチに下げ、鈴木に任せた。

さらに広陵戦では、初戦で4失点した松井を「映像を見返してボールは悪くなかった。また厳しい場面でいくからと伝えていた」と九回から起用。3年生右腕は2回無失点と期待に応えた。

かくして、心強い3年生が後ろに控える「準決勝に小宅、決勝に鈴木」の先発プランが最適解に至った。鈴木は言う。「（決勝の）大観衆の中で先発してメンタル面で大きく成長できた。1点くらいはオーケーと思えるようになった」。救援では全力で抑えようと力が入っていた。「力を入れずに抑える方法を考えたことで、ストライクが入るようになった」と新たな発見もあった。

大会前には、「ベンチに入る投手5人で決勝までどう回すかを考える」などと話していた森林監督。先を見据えた大胆な継投策と同時に精神的な成長を促したからこそ、真夏の12連勝は成し遂げられた。

手厚いサポート　技術と精神　磨き雪辱

「打撃コーチとして責任を感じた」。慶応の学生コーチ、斎藤俊さん（慶大4年）は、今春の選抜大会で仙台育英に1得点と抑え込まれた屈辱を胸に刻んでいた。

課題は速球の対応と一球で仕留める集中力。動画投稿サイト「ユーチューブ」で米大リーグ選手の練習法を研究し、春以降、スタンドに球を置いたり、正面から投げたりするティー打撃を練習で増やした。各打者に苦手なコースや狙うべきコースへの対応を体に染み込ませるなどし、145キロ超の直球に負けないスイング力を磨いた。

分析も抜かりない。仙台育英をけん引する高橋、湯田の両右腕の投球映像は何百回と見返し、配球パターンを記憶。3年生データ班の協力も受け、球種の投球別ストライク率まではじき出した。

「湯田は直球を捨てて、浮いてくるスライダーに絞る。高橋は初球の変化球率が突出している」。練習では湯田が投じるスライダーの軌道に合うように打撃マシンを設定。一方、相手バッテリーに悟られないよう、試合では打者によっては直球など違う球種を打つように指示も出した。

守備面の立役者は、捕手を教える学生コーチの大谷航毅さん（同3年）だ。練習試合では、正捕手の渡辺憩とじっくり配球論を交わした。

相手打線の分析は1チーム当たり約15時間に及んだ。試合映像などから「どこに投げられると打者は嫌か」と仮説を立ててデータを収集。森林監督には、慶応投手陣との相性も踏まえて情報を共有した。捕手陣にも配球のイメージを詳細に伝えた。

バッテリー陣と対策を話し合うOBで学生コーチの大谷さん（左）

迎えた決勝。先発した左腕鈴木や2番手のエース小宅は打率6割近くの1番橋本に対し、執拗《しつよう》に懐をえぐった。2番山田、3番湯浅ら右打者との対戦でも「絶対に抑えられる。打たれると逆にプランが崩れる」（大谷さん）との助言通りに内角を攻め、1～3番打者を無安打に封じた。

窮地も「想定内」に

今大会、慶応ナインが窮地でも「想定内」でいられたのはメンタルトレーニングの効果も大きかった。

2年前、慶大の日本一に貢献したメンタルコーチの吉岡真司さん（61）を招き、脳から心を鍛えるトレーニングを導入した。試合前のイメージトレーニングもその一つ。移動中のバス車内と球場入り後の2度、テンポの良いBGMなどを流す。「自信満々の自分をイメージしてください」。優しい語りに沿って、選手は勝利の瞬間などの場面を克明に思い浮かべた。

決勝は4失策に走塁ミスもあったが崩れなかった。指揮官は「ミスが出ても勝つメンタルを鍛えてきた」。主将大村も確信した。「野球はメンタルスポーツ。技術だけがあっても、気持ちが強くなければ勝てない」

学生コーチの綿密な分析と、どんな

練習前に集中力を高める慶応ナイン

場面でも本来の力を発揮できる精神力。深紅の大旗を掲げられた背景には、幾重にも頼もしいサポートがあった。

2人の〝指揮官〟求めた融和 結束力に

3回戦の広陵戦を目前に控えた14日、兵庫県内の練習会場で主将大村が二塁ベース付近にナインを集めた。

「背番号を付けているのがそんなに偉いのか。（背中の）後ろには試合に出られない仲間がいる。やるべきことをやっていない」。実戦形式の練習で集中力を欠いたミスが散見する状況を見かねて語気を強めた。

試合日をピークに、士気の浮き沈みはどのチームでも起こること。弛緩《しかん》した雰囲気は森林監督も気付いていた。ただ、「大村が話をしてくれて、僕が改めて言う必要はないと思った」と静観した。

「あまり邪魔せずに最後までやらせてあげたい。僕がやる仕事がないくらい、監督のように引き締めてくれる」。森林監督にここまで言わせるリーダーシップ。2人の〝指揮官〟の信頼関係によってチームの結束力は揺るがぬものとなった。

昨秋、大村が「最初に変えたかったこと」が監督、コーチとのつながりだった。1学年上のチームは「能力が高く、個性が強いチーム」。故に、選手それぞれの考え方と森林監督の方針がずれ違うこともあった。

昨夏からレギュラーだったのは遊撃の八木だけ。「力がない」と大村は自覚していたからこそ、技術的成長よりも前に「まとまり」を生むことを最優先とした。昨年8月に千葉・袖ケ浦市で張った合宿で、大村とメンタルチーフの庭田を中心にグループトークを実施。互いの性格や知らなかった一面を共有し、チームとしての基礎を育んだ。

背番号18の村上は結束力の原点として昨春の出来事を挙げる。選手間の意見が分かれ、学年ごとにミーティングを行った。「庭田を中心として一人に対してのポジティブな意見を全員で言い合った」。あえてマイナス面は指摘せず、融和な雰囲気づくりを試みた。

立場や年齢を超えて

森林監督の指導論に通じる「自ら考え、成長する野球」。選手個人の思考を尊重するからこそ、両者の主張がぶつかることもある。大村の選択は「信じ切れば結果はついてくる」だった。

大村の奮闘を間近で見ていた赤松衡樹部長（47）はこう振り返る。「（監督が）任せることは大事だが、簡単ではない。選手だけで突き進んでしまう可能性もある。大村は森林さんを立てる感じがあり、やりやすかったのではないか」

森林監督の長男・賢人が3年の部員としてチームにいたことも距離が近づいた一つの要因。八木は「家での素顔などをネタにしてくれて、親近感を覚えた」と存在の大きさを語る。森林監督も「賢人がいたことで、いじりやすくなったのだと思う」と息子の貢献度の高さを認めた。

「高校野球の常識を変える」「否定するのではなく多様性が認められるべきだ」。大村の発する言葉は指揮官と重なる部分が多い。逆もしかりだ。森林監督は「（日本一）と口に出し、志を高く掲げることは大村に教えてもらった」と言う。

「監督が絶対ではない。でも森林さんが一番自分たちに時間を使ってくれたのは事実。その思いに応えたかった」と大村。立場や年齢を超えて互いに尊敬し合う関係性がチーム全体に波及したことで、エンジョイ・ベースボールは歴史を動かした。

第3種郵便物認可　かながわスポーツ　2023年（令和5年）8月5日 土曜日　スポーツ 6

神奈川高校野球

「エンジョイ」

選抜の悔しさ 晴らせ

第105回全国高校野球選手権記念大会は6日、兵庫県西宮市の甲子園球場で開幕する。神奈川代表の慶応は、大会第6日（11日）の第3試合で北陸（福井）と対戦。2015年秋の就任以来、春夏合わせて4度目の出場となる森林貴彦監督(50)は「選手の表情や目を見てもこれからやるぞという気持ちにあふれている」と期待を込める。今春の選抜大会で悔しさを味わったナインがエンジョイ・ベースボールを磨き上げ、聖地に忘れ物を取りに行く。（藤江　広祐）

昨秋から長打力が際立ったチームは柔軟な戦術を身に付け、進化を続けてきた。神奈川大会でのチーム打率は3割7分7厘で、投手陣は2年生エース小宅を筆頭にチーム防御率は1点台。投打がかみ合い、春夏連続で激戦区の覇権を握った。

春以降、明確に掲げてきた「競争」は集大成の夏も継続し、ベストオーダーを模索。負担軽減も視野に中軸を固定することもなかった。

ベンチ内の雰囲気を支えたのは「エンドレス」という言葉。「どんなに点差が広がっても何が起きるか分からないのが高校野球」（主将大村）と緊張を切らさず、決してあきらめない姿勢を貫いた。極め付きは決勝の横浜戦。六回に逆転され、走塁ミスなども響いた。それでも、九回に渡辺千が劇的な決勝3ラン。大村は「横浜に向かっていく姿勢は秋とは全然違う。精神的に成長した」と手応えを隠さない。

体調管理の徹底ぶりも栄冠を手繰り寄せる大きな要因だった。練習中は熱ごもりを検知し、熱中症のリスクを事前に知らせるリストバンドを着用。主力選手をスタメンから外したり、大会期間中にも完全オフを設けたりするなど、「神奈川大会全体で、良いコンディションで戦うため」という指揮官の英断も光った。

選抜大会は優勝候補と目された仙台育英(宮城)に延長タイブレークまで及ぶ激闘の末に1―2で惜敗した。「シンプルに負けたことが悔しい。苦しいことを仲間と乗り越え、日本一を目指せ

11日、北陸と対戦

赤松　衡樹
部　長

あかまつ・ひろき　慶応高3年時には指導力を買われて下級生を指導する新人監督を務めた。2017年に部長就任。森林監督を支える若き参謀。熱い心で選手からの信頼も厚い。
（慶応高―慶大。英語科教諭。46歳）

森林　貴彦
監　督

もりばやし・たかひこ　慶応高助監督などを経て2015年に監督就任。18年春夏と今春の選抜大会に導き、今夏は4度目の甲子園出場。エンジョイ・ベースボールを進化させる。
（慶応高―慶大。慶応幼稚舎教諭。50歳）

馬場　祐一
副部長

ばば・ゆういち　高校、大学時代は外野手として活躍。県立多摩高の監督などを歴任し、2021年に慶応高軟式野球部副部長、昨年から野球部副部長に就任した。
（慶応高―慶大。国語科教諭。40歳）

星野　友則
副部長

ほしの・とものり　横浜隼人高コーチから慶応藤沢高監督、慶応横浜初等部を経て、2017年春に慶応高に赴任。18年春から副部長。Bチームの引率、指導を担当している。
（慶応高―慶大。理科教諭。39歳）

①小宅　雅己
投　手

おやけ・まさき　今夏は2年生エースとして安定感のある投球で優勝の立役者となった。最速は145㌔で、相手打者を分析する能力も高い。
（178㌢、76㌔。右投げ左打ち。2年。栃木・豊郷中、県央宇都宮ボーイズ出身）

②渡辺　　憩
捕　手

わたなべ・けい　冷静沈着なリードで投手陣が絶対的な信頼を寄せる扇の要。ブロッキングや肩の強さも一級品で、フレーミングも上達した。
（173㌢、71㌔。右投げ右打ち。3年。千葉・小中台中、千葉市シニア出身）

③延末　藍太
一塁手

のぶすえ・あいた　勝負強さが光る冷静な左の強打者。準々、準決勝では2戦連続で3ランを放ち、2本塁打11打点と中軸の役割を全うした。
（182㌢、80㌔。左投げ左打ち。3年。東京・大島中、世田谷西シニア出身）

❹大村　昊澄
二塁手

おおむら・そらと　抜群のリーダーシップと森林監督も信頼する人間性でチームをまとめる主将。堅実な守備とつなぎの打撃でリズムを生む。
（163㌢、67㌔。右投げ左打ち。3年。愛知・豊国中、愛知港ボーイズ出身）

⑤福井　直睦
三塁手

ふくい・なおとき　選抜大会後、外野から三塁手にコンバート。猛練習で守備力が向上した。今夏は打率3割6分。気持ちの切り替えを大切にする。
（179㌢、76㌔。右投げ右打ち。3年。慶応普通部、世田谷西シニア出身）

⑥八木　　陽
遊撃手

やぎ・ひなた　1年夏から公式戦出場を続ける守備の名手。バントもうまいが、2番打者ながら打率4割5分5厘、10打点と躍動した。
（182㌢、77㌔。右投げ左打ち。3年。愛知・浄心中、愛知知多ボーイズ出身）

⑦渡辺千之亮
左翼手

わたなべ・せんのすけ　神奈川大会決勝の横浜戦では九回に逆転3ランを放ちヒーローに。チーム最多の12打点をマークし、頼れる3番打者だ。
（184㌢、82㌔。右投げ右打ち。3年。東京・東綾瀬中、取手シニア出身）

⑧丸田　湊斗
中堅手

まるた・みなと　走攻守三拍子そろったリードオフマン。神奈川大会では打率6割2分5厘を記録し、強力打線をけん引。観察力にも長ける。
（174㌢、73㌔。右投げ左打ち。3年。日限山中、横浜泉中央ボーイズ出身）

⑨加藤　右悟
右翼手

かとう・ゆうご　迷いのない思い切りの良いスイングが武器。技術を吸収しようと先輩にも臆せず質問する。延末と打撃成績を競い合っている。
（175㌢、75㌔。右投げ右打ち。2年。栃木・陽西中、県央宇都宮ボーイズ出身）

K
2023

夏 甲子園あす開幕

慶応 聖地でも

春夏連続で出場

投 心の余裕を武器に

小宅

エース右腕小宅が今春のリベンジを誓う。最速は春以降で145㌔までアップ。新たに身に付けた縦のスライダーやカットボールなどの変化球を駆使し、最善策を見いだす投球術も成長した。仙台育英戦では8回1失点と好投。「相手打者を見下ろすくらいのメンタルで投げられている」とマウンド上での心の余裕も大きな武器だ。

左腕の鈴木や右横手の松井ら個性豊かな投手陣も控える。「自分が後ろで待機している。堂々と投げてほしい」と松井。頼もしい最上級生がブルペンを支える。神奈川大会では7試合で3失策と守備から崩れることもなかった。攻守に抜け目なく、ゲームを支配していく。

打 まずは「1本」渇望

丸田

秋に1番打者を務め、春は2番も経験した丸田がリードオフマンとして一層たくましくなった。

神奈川大会ではチーム最高の打率6割2分5厘と自らのスイングで幾度となく戦況を打破してきた。「ファーストストライクで当てにいかずにスイングできた」。準備に裏打ちされた打席での積極性が結果に直結した。

今春の選抜大会では1四球を選ぶも、4打数ノーヒット。「まずは甲子園で1本打ちたい」と目をぎらつかせる。

2番に定着した八木も10打点に打率4割5分5厘と打線を厚くさせた。緊迫した場面でのスクイズも難なく決めた。昨夏も共にベンチ入りした丸田との息の合った1、2番コンビの活躍は「KEIO日本一」に欠かせないピースとなる。

春の屈辱から「速球への対応」と「一球で仕留める集中力」を磨いてきた。大会終盤では長打力を発揮したが、有利な展開に持ち込むしたたかさも備えている。

⑩鈴木　佳門　投手
すずき・かもん　潜在能力の高い187㌢の長身左腕。ストレートは最速142㌔。神奈川大会決勝では逆転劇につながる好リリーフを見せた。
（187㌢、82㌔。左投げ左打ち。2年。栃木・小川中（軟式）出身）

⑪松井　喜一　投手
まつい・きいち　右横手から投じる最速140㌔の直球が武器。救援としてチームを支えた。背番号は中学時代の教えから自分で縫い付ける。
（180㌢、80㌔。右投げ右打ち。3年。東京・駒沢中、世田谷西シニア出身）

⑫笠井　達弥　捕手
かさい・たつや　正捕手の渡辺憩が頼りにする控え捕手。投手陣に寄り添う気持ちが強く、ブルペンでは積極的に声をかけ、精神面でも支える。
（181㌢、83㌔。右投げ右打ち。3年。仲尾台中、横浜東金沢シニア出身）

⑬安達　英輝　内野手
あだち・えいき　明るい性格でムードメーカー的存在。代打での打率が高く、今春の選抜大会では一時同点の適時打を放つなど勝負強い。
（181㌢、90㌔。右投げ右打ち。3年。千葉・真砂中、京葉ボーイズ出身）

⑭宮尾　青波　内野手
みやお・せいは　チームが誇る守備職人で三塁コーチも務める。名前の由来はあさのあつこの小説「バッテリー」の主人公の弟、原田青波から。
（169㌢、65㌔。右投げ右打ち。3年。東京・荏原五中、横浜緑シニア出身）

⑮清原　勝児　内野手
きよはら・かつじ　チーム内の競争もあり、今夏は代打での出場が続いた。選球眼が良く、一発もある。注目される宿命を受け入れ、力に変える。
（175㌢、78㌔。右投げ右打ち。2年。慶応普通部、世田谷西シニア出身）

⑯足立　然　内野手
あだち・ぜん　神奈川大会決勝の九回に村上の代走で出場した。安定した守備力も光る。3年生の夏にかける思いを肌で感じ、成長につなげる。
（172㌢、72㌔。右投げ右打ち。2年。東京・弦巻中、世田谷西シニア出身）

⑰山本　海　外野手
やまもと・かい　力強い声でチームを盛り上げる信頼厚い副主将。今夏は6打数3安打と、先発出場した2試合でいずれも安打を放った。
（178㌢、78㌔。右投げ左打ち。3年。松浪中、湘南ボーイズ出身）

⑱村上　迅太　投手
むらかみ・じんた　神奈川大会では登板がなく、代走で3試合に出場。30㍍のタイムはチーム一。あらゆる場面で貢献すると意気込む。
（177㌢、75㌔。左投げ左打ち。3年。東京・用賀中、武蔵府中シニア出身）

⑲飯田康太郎　投手
いいだ・こうたろう　多彩な変化球と高い制球力が持ち味のユーティリティー右腕。神奈川大会3回戦の津久井浜戦では4回無失点と好投した。
（179㌢、76㌔。右投げ右打ち。3年。東京・慶応中等部（軟式）出身）

⑳加賀城祐志　投手
かがじょう・ゆうじ　サポートメンバーだった今春の選抜大会では打撃投手として支えた。チェンジアップの精度を磨き、登板機会をうかがう。
（173㌢、72㌔。右投げ右打ち。2年。港南台一中、横浜東金沢シニア出身）

大鳥　遥貴　主務
おおとり・はるき　高校1年の3月に選手からマネジャーに転向。試合のデータまとめなどの業務に加え、マネジャー経験者のOBとも連絡を取り、円滑なチーム運営に尽力する。
（173㌢、65㌔。3年。東京・慶応中等部出身）

メンバー表の見方

丸数字は甲子園での背番号、白抜き数字は主将

神奈川大会の記録

背番号	選手名	試合数	打席	打数	得点	安打	本塁打	三塁打	二塁打	打点	三振	四死球	犠打	盗塁	失策	残塁	打率
①	小宅　雅己	5	14	12	2	2	0	0	1	1	0	0	2	0	1	0	.167
②	渡辺　憩	6	22	16	4	4	0	0	0	2	2	5	1	0	1	6	.250
③	延末　藍太	7	29	24	7	10	2	1	1	11	3	4	1	1	0	7	.417
④	大村　昊澄	7	25	20	2	7	0	0	1	4	2	3	2	0	0	6	.350
⑤	福井　直睦	7	28	25	5	9	0	0	2	3	2	2	1	1	1	7	.360
⑥	八木　陽	7	31	22	7	10	0	3	5	10	5	4	5	1	0	7	.455
⑦	渡辺千之亮	7	30	25	4	7	2	0	3	12	3	5	0	0	0	4	.280
⑧	丸田　湊斗	6	26	24	14	15	0	1	6	5	1	2	0	1	0	2	.625
⑨	加藤　右悟	6	23	21	7	8	2	0	2	9	2	2	0	0	0	3	.381
⑩	鈴木　佳門	5	0	0	0	0	0	0	0	0	0	0	0	0	0	0	――
⑪	松井　喜一	4	3	2	2	1	0	0	0	0	0	1	0	0	0	0	.500
⑫	笠井　達弥	0	0	0	0	0	0	0	0	0	0	0	0	0	0	0	――
⑬	安達　英輝	3	3	3	0	1	0	0	0	0	0	0	0	0	0	0	.333
⑭	宮尾　青波	3	4	4	1	1	0	0	0	0	1	0	0	1	0	0	.250
⑮	清原　勝児	4	6	3	1	0	0	0	0	1	1	3	0	0	0	1	.000
⑯	飯田康太郎	2	2	0	0	0	0	0	0	0	0	1	1	0	0	1	――
⑰	山本　海	5	9	6	3	3	0	0	0	0	1	2	1	0	0	1	.500
⑱	村上　迅太	4	0	0	2	0	0	0	0	0	0	0	0	0	0	0	――
⑲	足立　然	1	0	0	1	0	0	0	0	0	0	0	0	0	0	0	――
⑳	加賀城祐志	1	0	0	0	0	0	0	0	0	0	0	0	0	0	0	――
	計	7	255	207	62	78	6	5	21	58	23	34	14	5	3	45	.377

背番号	選手名	試合数	完投	完封	投球回	打者数	被安打	奪三振	四死球	失点	自責点	防御率
①	小宅　雅己	5	0	0	27⅓	111	24	21	7	5	5	1.65
⑩	鈴木　佳門	5	0	0	5⅔	28	6	3	5	3	3	4.76
⑪	松井　喜一	4	0	0	10	37	7	6	3	2	2	1.80
⑯	飯田康太郎	2	0	0	7	26	4	4	1	1	1	1.29
⑳	加賀城祐志	1	0	0	1	3	0	0	1	0	0	0.00
	計	7	0	0	51	205	41	34	17	11	11	

※背番号は神奈川大会のもの

代表への足跡

▽2回戦
慶応 004 53 12
白山 002 00 2
（五回コールド）
（慶）松井、鈴木―渡辺憩（白）鈴木翔、永井―田中▽三塁打 延末（慶）▽二塁打 丸田、加藤、八木（慶）松崎（白）

▽3回戦
津久井浜 000 000 0 0
慶応 002 121 1× 7
（七回コールド）
（津）竹内―渡辺（慶）飯田、小宅、加賀城―加藤▽二塁打 八木2、渡辺千2、加藤、福井（慶）

▽4回戦
慶応 001 022 05 10
県相模原 000 000 00 0
（八回コールド）
（慶）小宅、鈴木―渡辺憩（県）小林、近藤、小林、近藤―佐藤▽三塁打 八木（慶）▽二塁打 丸田、小宅、福井（慶）

▽5回戦
市ケ尾 000 000 1 1
慶応 320 020 1× 8
（七回コールド）
（市）木沢、堀川、古川、佐藤、高原、原田―藤原、古沢（慶）松井、飯田―渡辺憩▽三塁打 八木（慶）▽二塁打 杉山、堀川（市）渡辺千（慶）

▽準々決勝
横浜創学館 000 002 000 2
慶応 004 300 00× 7
（横）鈴木、塚原―宇野（慶）小宅、鈴木、小宅、松井―渡辺憩▽本塁打 延末、加藤（慶）▽二塁打 武井、小室（横）八木、丸田2、大村（慶）

▽準決勝
慶応 302 403 12
東海大相模 000 001 1
（六回コールド）
（慶）小宅、鈴木―渡辺憩（東）子安、塚本、福田―木村▽本塁打 延末、渡辺千、加藤（慶）▽三塁打 八木（慶）▽二塁打 丸田2、延末（慶）持丸、板垣（東）

▽決勝
慶応 002 001 003 6
横浜 000 013 100 5
（慶）小宅、鈴木、松井―渡辺憩（横）杉山―椎木▽本塁打 渡辺千（慶）萩、峯（横）▽三塁打 丸田（慶）▽二塁打 八木（慶）杉山（横）

沿革 の慶應義塾）に始まる私立男子校。1948年に新制高校となり、49年秋に横浜に移転。「独立自尊」の精神などを基本に、幼稚舎から大学までの一貫教育を行う。

野球部も48年創部だが、前身の普通部（東京）は16年の第2回に全国制覇。20年夏には準優勝と輝かしい実績がある。東京時代を含め、これまでに春10度、夏18度の甲子園に出場している。OBには柳町達（ソフトバンク）木沢尚文（ヤクルト）正木智也（ソフトバンク）らがいる。阿久沢武史校長。生徒2180人。部員107人。横浜市港北区日吉4の1の2。

第３種郵便物認可　かながわスポーツ　2023年（令和5年）7月27日 木曜日　スポーツ 12

神奈川高校野球　夏 決勝

慶応 春夏連続、甲子園へ

第105回全国高校野球選手権記念神奈川大会は26日、横浜スタジアムで慶応—横浜の決勝が行われ、慶応が6—5で横浜を下して5年ぶり6度目の優勝を飾った。記念大会の北神奈川大会の優勝を除く神奈川代表としては61年ぶり。春夏連続の甲子園出場となり、東京時代を含めると夏は19度目。

慶応・小宅雅己（2年）、横浜・杉山遥希（3年）のエース同士の投げ合いとなった決戦は、慶応は三回に丸田湊斗（3年）の適時三塁打などで2点を先制。六回に3失点し逆転を許したが、九回に渡辺千之亮（同）が3点本塁打を放ち、土壇場で試合をひっくり返した。

全国選手権大会は8月3日に組み合わせ抽選会が行われ、同6日に甲子園球場で開幕する。

▽決勝

慶応	0	0	2	0	0	1	0	0	3	6
横浜	0	0	0	0	1	3	1	0	0	5

【評】慶応の渡辺千が九回に3ラン。土壇場の逆転劇で頂点に立った。3—5とリードされた九回、先頭の代打安達が左前打で出塁し、続く丸田の二ゴロが失策に。送って1死二、三塁とし、渡辺千が高めのチェンジアップを左翼スタンドに運んだ。劣勢の中、見事な集中力だった。先発小宅は七回に5点目となるソロ本塁打を打たれた後に交代。後続の鈴木、松井が3イニングを無安打に抑えたのが大きかった。

横浜はエース杉山が完投。六回に勝ち越しの適時二塁打を自ら放つなど投打に活躍した。遊撃緒方も再三の好守。九回の失策は微妙な判定で、攻守にレベルの高さを見せた好ゲームだった。

「威風堂々」の継投

6—5の九回裏2死一塁。慶応の3番手右腕・松井がフルカウントから投じた7球目は渾身《こんしん》の直球だった。

同点の走者を出しながらも、「（春の選抜大会の）仙台育英戦では変化球を打たれて後悔した。ピンチの場面では真っすぐで押すと決めていた」。横浜の代打山崎を遊飛に打ち取ると、背番号11はマウンドで仲間から手荒い祝福を受けた。

六回に逆転を許しても、慶応の3投手は最後まで勝利を信じ抜いた。3—4の七回無死。2年生エースの小宅が先頭の9番峯に右翼ソロを浴びる。四回まで5戦で25回1/3連続無失点を続けていた背番号1が、五回以降に3イニング連続失点。前回王者の名門は一筋縄にはいかない。同期の降板に2番手左腕・鈴木の中で何かがはじけた。

「いつもニコニコしているのに、悲しそうだった。だから今日は自分が笑顔にしてやろうと」

勢いづく1番からの強力打線に「合っていなかった」とみたカーブを有効的に交えて三者凡退。2回1死球無失点の好救援で、九回の劇的逆転弾を呼び込んだ。

劣勢にも勝ち筋を付け、61年ぶりの単独出場に貢献した2人の活躍に「感謝の気持ちでいっぱい」と小宅はたたえ、鈴木も「自分と（松井）喜一で抑えられてよかった」。

森林貴彦監督が決勝のテーマに掲げた「威風堂々」にふさわしい全力投球だった。

（泉　光太郎）

上7回に登板した慶応の鈴木　下最終回に登板した慶応の松井
（田中　伸弥写す）

丸田、1番打者の役割

慶応…慶応は1番の丸田が準決勝に続いて複数安打。九回は俊足を生かして二ゴロを併殺とさせず、逆転劇をお膳立てした。

春は長打も出塁率も狙うと言っていた丸田。だがパワーがついたことで「打球が自然と飛ぶようになった」。今は出塁することが役割と自認する。九回の場面を「一塁を必死に駆け抜けた。何が起こったかは分かっていなかった」と振り返った。

再びの甲子園へ。進化するリードオフマンは「春に負けた仙台育英とまた対戦したい」と、2度目の聖地が楽しみな様子だった。

責任や期待を力に

慶応・森林貴彦監督の話（日本一には）13連勝くらいしないとたどり着けない。そのうちの7連勝。神奈川の単独代表としての責任や期待を力に変えて準備をして甲子園に臨みたい。

赤松衡樹部長　笑顔をテーマに1年やってきて、成長が見られた大会。甲子園でも同じ野球をやりたい。

⑱村上迅太　とてもうれしい。甲子園でもチームのために何ができるかを考えたい。（負傷し、表彰式欠席）

大鳥遥貴記録員　甲子園に戻れてうれしい。歴史的な試合ができてよかった。

正直駄目かと思った

ソフトバンク・柳町達外野手（慶応高OB）の話　八回の速報を見て正直駄目かなと思ったが、あの展開から逆転するのはすごい。暑く過酷な状況で、みんなが頑張った。

渡辺千 土壇場逆転弾

力で再臨

スランプ 仲間と越え

白球が青空に近づくほど、歓声と悲鳴は高まり、交錯した。これぞ千両役者。大観衆が見守る中、大輪の笑顔が咲き乱れたのは、3—5の土壇場九回1死二、三塁だ。

「負ければ高校野球で最後の打席になる。どんな結果でも全力で楽しんでやろう」。慶応の渡辺千は脈々と引き継がれる信念を思い浮かべ、すっと肩の力を抜いた。「センター前でもいいから当てる意識」。右打者の鬼門となっていた横浜・杉山のチェンジアップは、快音を残し、左翼スタンドに吸い込まれた。

春季県大会で5本塁打13打点と相手をのみ込んできたスラッガーがもがいていた。怖いもの知らずだった春とは違う。大会前には複数の体調不良者が出て、チームとしてもまとまりを欠いた。「自分が打たないといけない」。押しつぶされそうな重圧が本来の迫力を失わせた。

悩める3年生を救ったのは指揮官であり、仲間だ。森林貴彦監督（50）から「今が一番底だから、もう下がることはない。上がっていくだけだ」と励まされ、メンバーを外れた3年生が打撃投手を務めてくれた。打率3割を優に超える打者が並ぶ打線に「自分が打たなくても、つなげば打ってくれる」と開き直れた。

クライマックスはこれまでの軌跡を体現したかのような全5打席。第1打席はチェンジアップで空振り三振も、四球を三つ選び、変化球に目は慣れた。指揮官の「予感していた」という言葉もうなずける2試合連続アーチに「勝負どころで一本出せたのは成長」と渡辺千。もみくちゃにされながらヒーローの特権でもある愉悦に浸った。

さあ、次は春に悔しさを味わった聖地再臨だ。「自分のスイングを貫いて緊張する間もないくらい楽しみたい」。胸を張って、誰もが憧れる黒土を踏もう。

（藤江　広祐）

…みんな…分もマ…たんだ

⑯飯田康太郎　甲子園ではみんなが想像しないような投球をしたい。強気で投げたい。

⑫笠井達弥　横浜に勝ててうれしい。甲子園でもブルペンで投手を落ち着かせたい。

⑦渡辺千之亮　チームに貢献できた。全国の舞台でも、心の底から野球を楽しみたい。

⑮清原勝児　もう一度あの場所（甲子園）に立てるのはうれしい。日本一を達成したい。

⑲足立然　ラッキーだった。これからもチームを助けるプレーをしていきたい。

⑳加賀城祐志　甲子園でも緩急をつけた投球で打者を打ち取っていきたい。

⑧丸田湊斗　（九回、内野ゴロのセーフに）どこかで積んだ徳がそこで生きたと思う。

⑨加藤右悟　（4番の）重みはなかった。前後に良い先輩がいたので楽に打てた。

K 2023

3連覇目前で…

横浜 非情な結末

まさか 緒方、泣き崩れ

緒方が泣き崩れた。ハイレベルな攻防の勝敗を分かつ大きなワンプレー。3連覇をつかみかけていた横浜にとっては、あまりに酷な判定だった。

2点リードの九回無死一塁。慶応・丸田のゴロを二塁峯がさばき、二塁へ送球。遊撃緒方は「いつも通りの形で入った」と併殺プレーを狙った。

捕球とともに右足でベースを蹴り、土ぼこりが舞う中、一塁へ送球したように見えた。しかし、判定は緒方の今大会初失策でオールセーフに。横浜側が確認を求めるも、審判団が集まることはなく「（足がベースから）離れている」と告げられたという。

その直後、まさかの3点本塁打でひっくり返された。

六回に勝ち越して完全に主導権を握っていただけに村田浩明監督（37）も動揺を隠せない。「生きるか死ぬかの試合。あれをセーフと言われたら一生懸命やっている高校生はどうなのか。野球人生の中で一番大きかったプレー」。緒方は「何とも言えない。悔しい」と複雑な胸中を口にした。

エース杉山とともに、1年夏から名門の看板を背負い続けてきた。決勝でも初回に不動の1番打者として士気を上げる安打を放てば、五回2死一、二塁のピンチはスーパープレーで救った。「（配球が）チェンジアップだったので三遊間に来るかも」と予測。強いゴロを横っ飛びで好捕し、素早い反転で二塁を封殺してみせた。

高校ラストゲームが非情な幕切れ。緒方は「3年間やりきれた。最初は周りが見えなくてキャプテンシーもなかったけど、みんなが支えてくれた」と3年生に感謝。ただ「最後に監督を甲子園に連れて行きたかった」とも。受け入れがたい結末だろうが、神奈川が誇る強者の底力は強烈だった。（松村 祐介）

㊤9回表慶応無死一塁。併殺処理は遊撃緒方の失策となり、進塁を許す（番場 一浩写す）㊦3連覇を逃し、崩れ落ちる横浜ナイン（田中 伸弥写す）

杉山 悔やんだ一球

背番1の誇り これからも

百戦錬磨の横浜・杉山でさえ、平常心ではいられなかった。

2点リードの九回1死二、三塁、緒方の失策に「びっくりした」と迎えた窮地。強打者渡辺千に投じたフルカウントからの7球目。「低めなら空振りを取れる」と選択したチェンジアップが珍しく浮いた。逆転3ランを浴び、「今思えば、あそこは四球でも良かった」と一球を悔やんだ。

準決勝は出場せず、中4日で臨んだマウンドは「気持ちの勝負」。三回に失策絡みで先制点を許し、その後も先頭打者を許すこと6度。それでも緒方から「経験値、乗り越えてきた壁はどの選手よりも多い。気持ちで負けるな」と激励され、粘り強く腕を振る。

「数々の試合で伝説を残してくださった憧れの先輩」という松坂大輔さんが見詰める中、八回には三者連続三振と強力打線に立ち向かった。

名門にあって、1年夏から背番号1を背負い続けてきた投手は数少ない。2年連続甲子園に出場した1、2年は巧みな投球術を鍛え、3年生になってから直球の最速を147キロまでに上げた。

「横浜高校の背番号1はただの1番じゃない。最後に甲子園で付けたかった」と杉山。進路はプロ一本。「この先もっと成長できるように」。帽子のつばに記した「未完成」から理想の投手像を描いていく。（松村 祐介）

負けた実感がない

横浜・村田浩明監督の話　負けた実感がない。大好きな3年生を本当に勝たせたかった。最高のメンバー。絶対に甲子園に連れて行くということで準備してきたが最後の最後でそれがかなわなかった。

杉山に感謝したい

横浜・緒方漣主将の話　自分たちのペースで進められていたけど、負けてしまって甲子園に行けずにすごく悔しい。杉山あっての代。感謝したい。慶応はいい打者が多くて投手も枚数があって強いチームだった。

先発し、9回6失点だった横浜のエース杉山（番場 一浩写す）

小泉 執念の適時打

横浜 ⑪…横浜はベンチスタートの小泉が適時打を放った。

2点を追う六回1死一、三塁の好機に「100％の準備はしていた」と自信を持って打席へ向かうと、高めの変化球を右前へ運んだ。「きれいな当たりじゃなかったが、執念で」と振り返った。

準決勝までの全試合に4番で先発し、主軸として名門を引っ張った。「3年間苦しいこともあったが、周りに支えられてここまでやってこられた。ちょっとは恩返しできた」と感謝の気持ちがあふれた。

【慶応】		打	得	安	点	振	球	犠	盗	失	①	②	③	④	⑤	⑥	⑦	⑧	⑨
⑧	丸田	5	2	2	1	1	0	0	0	0	一ゴ		中3		三振		左安		二遊失
⑥	八木	3	0	2	1	0	0	2	1	0	一2		中犠		中安		捕邪		投犠
⑦	渡辺千	2	1	1	3	1	3	0	0	0	三振		四球		四球		四球		左本
⑨	加藤	5	0	0	0	1	0	0	0	0	遊ゴ		三振		遊ゴ		三ゴ		遊ゴ
③	延末	4	1	3	0	0	1	0	1	0		遊ゴ		中安		右安		四球	右安
⑤	福井	4	0	1	0	2	0	1	0	0		三振		一犠		三飛		三振	左安
④	大村	3	0	1	0	0	0	0	0	0		左飛		投ゴ		一安			
H	清原	1	0	0	0	1	0	0	0	0								三振	
4	宮尾	1	0	0	0	1	0	0	0	0									三振
②	渡辺憩	2	1	0	1	1	1	1	0	0			三失	敬遠		右犠		三振	
①	小宅	2	0	0	0	0	0	1	0	1			投犠	遊ゴ		遊ゴ			
1	鈴木	0	0	0	0	0	0	0	0	0									
H	安達	1	0	1	0	0	0	0	0	0									左安
R	村上	0	0	0	0	0	0	0	0	0									
R	足立	0	1	0	0	0	0	0	0	0									
1	松井	0	0	0	0	0	0	0	0	0									
	計	33	6	11	6	8	5	5	2	1									

【横浜】		打	得	安	点	振	球	犠	盗	失	①	②	③	④	⑤	⑥	⑦	⑧	⑨
⑥	緒方	4	0	1	0	1	1	0	0	1	左安		中飛			三振	三ゴ		四球
⑦	上田	3	1	0	0	0	1	0	0	0	左飛		捕邪			四球	一ゴ		
7	荻原	0	0	0	0	0	0	0	0	0									
H	山崎	1	0	0	0	0	0	0	0	0									遊飛
②	椎木	3	1	1	0	1	1	0	0	0	中安			三ゴ		死球	三振		
③	栗山	2	0	0	0	0	0	0	0	0	遊飛			中飛					
3	小泉	2	1	1	1	0	0	0	0	0						右安		中飛	
⑧	阿部	3	0	0	1	0	1	0	0	0	投ゴ			遊飛		遊ゴ		死球	
⑨	萩	3	1	1	1	0	1	0	0	0		遊ゴ			左本	敬遠		投ゴ	
①	杉山	4	0	1	1	1	0	0	0	0		三振			投ゴ	中2		遊ゴ	
⑤	稲坂	2	0	0	0	1	0	0	0	1		一ゴ			三振				
5	青木宏	1	0	0	0	1	0	0	0	0						三振			
H	井上	1	0	0	0	0	0	0	0	0									左飛
④	峯	4	1	1	1	1	0	0	0	1			一ゴ		三振		右本		中飛
	計	33	5	6	5	6	5	0	0	3									

▽本塁打　萩（小宅）峯（小宅）渡辺千（杉山）▽三塁打　丸田▽二塁打　八木、杉山▽併殺　横1（椎木―峯）八木▽残塁　慶10、横6▽審判　江崎、清水、江藤、井上、来福、坂上、上田▽試合時間　2時間44分（中断19分）

投手	回	打	投	安	振	球	失	責
小宅	6⅔	27	82	6	5	3	5	5
鈴木	2	7	32	0	1	1	0	0
松井	1	4	17	0	0	1	0	0

投手	回	打	投	安	振	球	失	責
杉山	9	43	138	11	8	5	6	2

◇高校野球地方大会

【岩手】▽決勝（きたぎんボールパーク）

盛岡三	000	100	000	1
花巻東	330	110	20×	10

（盛）藤枝、藤原、杉沢―田村（花）小松―小林
（花巻東は4年ぶり11度目の出場）

【茨城】▽決勝（ノーブルホームスタジアム水戸）

土浦日大	000	000	005	5
霞ケ浦	003	000	000	3

（土）藤本、伊藤彩―飯田（霞）木村―安藤
（土浦日大は5年ぶり5度目の出場）

【島根】▽決勝（島根県立浜山）

立正大淞南	020	001	000	3
益田東	000	000	000	0

（立）山下、日野―勝部（益）糸井―永井
（立正大淞南は11年ぶり3度目の出場）

【山口】▽決勝（山口マツダ西京きずなスタジアム）

宇部鴻城	041	001	100	7
南陽工	000	000	000	0

（宇）浅田―岡本壮（南）山本―高瀬
（宇部鴻城は4年ぶり3度目の出場）

【香川】▽決勝（レクザムスタジアム）

英明	222	103	003	13
志度	000	002	102	5

（英）下村、神田、寿賀―中浦（志）新鞍、大川―瀬尾曜
▽本塁打　寿賀、大島（以上英）
（英明は12年ぶり3度目の出場）

【大分】▽決勝（別大興産スタジアム）

大分商	000	000	000	0
明豊	030	000	00×	3

（大）児玉、松木、飯田―二宮（明）中山―義経
（明豊は3年連続9度目の出場）

春夏連続の甲子園出場を果たし喜ぶ慶応ナイン＝横浜（萩原 昭紀写す）

陸の王

窮地に並んだ笑顔

主将大村「楽しんで」

しいもの」。そう取り組んできたこの一年が、大逆転劇に結実した。

と丸田。続く丸田に主将大村は「楽しんで」と声をかける。丸田も出塁し、1死

あった」。ベンチ全員の願いを乗せて、渡辺千の打球は左翼スタンド中段に飛び

言葉で言うのは簡単だ。「いい顔をして野球を。そのためには一人一人がどんな場

目指す」と声に出し、選手たちはそれぞれ、野球を楽しむために努力を重ねてきた。

「先制される場面、大きくリードされる場面、いろいろ想定してきたので、今日逆転されても焦りはなかった」と大村。培ってきた精神的強さと明るさ。森林監督は「精一杯やった選手たちの戦いぶりに感激している。自分も最高に楽しかった」とうなずいた。

目標は「KEIO日本一」。指揮官は「日本一へは13連勝が必要。甲子園であと六つ。神奈川代表として、その責任がある」。大村は「選抜初戦で負けたところから生まれ変わった姿を、また甲子園で見せたい」と、最高の笑顔で意気込んだ。（和城 信行）

6回、3―3の同点となりエース小宅（左）を励ます慶応の主将大村（番場 一浩写す）

慶応 喜びの声

④大村昊澄　全員が諦めなかった。野球の神様がいるんだなと思った。

⑩鈴木佳門　九回の逆転3ランがうれしすぎた。まだ3年生と甲子園で野球ができる。

⑬安達英輝　（九回先頭で出塁し）鼓舞する姿は（WBCでの）大谷選手を意識した。

②渡辺憩　投手へのリードに努めたい。頑張って甲子園で優勝したい。

③延末藍太　（渡辺千の逆転弾に）良いところを持っていかれた。すごいなと思う。

⑥八木陽　（打順2番で）中軸につなぐことが自分の役割。甲子園でも続けたい。

①小宅雅己　今日も緊張しなかった。1勝もできなかった甲子園の借りを返したい。

⑰山本海　大会前に調子を上げて臨んだ。途中出場などの機会で結果が出てうれしい。

⑤福井直睦　準決、決勝で打てなかった気持ちを忘れず、甲子園でいい打撃をしたい。

⑭宮尾青波　形に…んでもいいので、甲…園ではチームに貢献…きるように頑張る。

力で正面突破 慶応

アベック弾 圧倒劇導く

▽準決勝

慶応	3	0	2	4	0	3	12
東海大相模	0	0	0	0	0	1	1

（六回コールド）

初球のチェンジアップはタイミングが合わず、大胆にバットが空を切る。準々決勝で3ランを放っている延末の思考は鋭く巡り始めた。

「これまでは落ちる球に対応できていなかった。空振りだったので次も来るかな」。初回2死一、三塁、配球を読み切り、変化球が高めに浮いたのを見逃さなかった。右中間スタンドに突き刺し、強豪同士の決戦で張り詰めた雰囲気を打開した。

先輩のアーチを目の当たりにし、黙っている訳にはいかなかった。4番に座った2年加藤が六回2死三塁、甘く入ったカーブをレフトスタンドへ。「勝負しているんです」と大会前に延末から打撃成績の競い合いを持ちかけられた加藤。2試合連続のアベック弾に満足げな笑顔がこぼれた。

昨夏の準々決勝では東海に0—9で敗れ、「リベンジよりチャレンジ」と望んだ昨秋は加藤の決勝2ランで雪辱した。プライドがぶつかり合う激戦も予想されたが、ふたを開けてみればクリーンアップそろい踏みの3本塁打12得点。4強最高の得点力で勝ち上がってきたタテジマが相手だけに、森林貴彦監督(50)も「誰も想定していなかったと思う」と苦笑するが、確かな勝算があった。

選抜大会直前の3月上旬、大阪入り前の県内最後の練習試合を東海と組んだ。慶応は福井の本塁打などで東海の主戦子安から5得点。「直球は対応できるが、あとはチェンジアップかなと。5点は取れる」。指揮官のもくろみ通りに、やや高めの球でカウントを取りに来た隙は東海にとって命取りとなった。

4強入りを決めた20日の試合後、主将大村は言った。「目指す日本一への通過点として戦いたい」。まさに高みを望むにふさわしいスコアボードで、陸の王者がファイナルへの挑戦権を得た。

（藤江　広祐）

あす決勝

第13日

第105回全国高校野球選手権記念神奈川大会第13日は24日、横浜スタジアムで準決勝2試合を行い、慶応が12—1で東海大相模を下し、横浜が12—2で横浜商（Y校）に勝利した。

慶応は4大会ぶり12度目、横浜は3大会連続33度目の決勝進出を決めた。両校による決勝は26日午前10時から同スタジアムで行われる。

夏の神奈川大会での慶応と横浜の決勝は、2016年以来3度目で、昨秋の県大会決勝と同カード。横浜は史上初となる2

慶応—東海は、初回に慶応の延末藍太（3年）が2試合連発の3ランで先制すると、三回には渡辺千之亮（同）が2ラン、六回には加藤右悟（2年）にも2試合連続の2ランが飛び出した。

東海が夏の神奈川大会で六回コールド負けを喫したのは19

めた二回に横浜の阿部葉太（1年）の右前2点適時打などで7得点し逆転。先発の切無沢英寿（3年）は5回2失点と試合をつくった。

66年以来、57年ぶり。

5回2安打無失点と好投した慶応の小宅（番場　一浩写す）

【東海大相模—慶応】㊤初回2死一、三塁。延末が先制の右越え3ランを放つ㊨6回表慶応

小宅が満点投球
強打者に「真っすぐで」

望んでいた力勝負はいきなり巡ってきた。初回2死一、三塁。慶応のエース小宅は、今大会2ホーマーの東海大相模・松本に対し「真っすぐだけで打ち取りたい」と決めていた。

懐を攻め続けた3球目で空振りを奪い、最後は外角いっぱいで見逃し三振。「1点取られるのは仕方ないと思ったけど、結果的に良かった」と笑った。

今春の選抜大会からの上積みは、145キロをマークした球速だけではない。初回の投球練習で「準々決勝よりマウンドが少し柔らかいな」と感じたという。カを制御しやすいよう、ノーワインドアップを封印し、セットポジションから両コーナーに投げ分けるクレバーさも身に付けた。

終わってみれば4強トップの打撃成績を誇っていた東海打線に対し、縦のスライダーも使わないまま5回2安打無失点と寄せ付けず。打ち合いをにらんで「5回2、3失点ならOK」とした森林貴彦監督の要求に満点投球で応えた。

20日の準々決勝後、一日の練習オフを兼ねて宇都宮の実家に帰省。心身を休め、散髪も済ませた。今大会4試合で21回1/3無失点と付け入る隙を与えない2年生右腕は、ファイナルへも自信を見せる。「自分の仕事ができれば勝利に近づく」。泰然と、その時を待つ。

（松村　祐介）

【評】慶応が本塁打攻勢で一気に流れをつかんだ。初回、2四球の走者を一、三塁に置いて延末が右中間にライナーの3ラン。三回には渡辺千が2ラン、六回は加藤が2ランを放って駄目を押した。伸びていく強い打球がチームに勢いをつけた。小技や機動力も生かし、多彩な攻撃で圧倒した。先発小宅は直球、変化球ともに切れがあり、5回を散発2安打。

東海大相模は六回に板垣のタイムリーで1点を返したが、投打に見せ場をつくれなかった。

長距離砲・渡辺千
不振脱却の一発

3回表慶応1死一塁、渡辺千が中越え2ランを放つ（田中　伸弥写す）

夏の大一番を前に慶応の長距離砲が戻ってきた。不振にあえいでいた3番・渡辺千が試合の流れを決定付ける2ラン。待望の快音に「1本出たことで気持ち的にも楽になった」と声を弾ませた。

3点リードで迎えた三回1死一塁の第2打席。「とりあえずゾーンに来たら打つ」と甘く入った初球のカットボールを強振した。高く上がった打球は一塁側の大声援にも押され、バックスクリーン右に飛び込む特大の一発になった。

春の県大会では5本塁打をマークして12年ぶりの優勝に貢献するも、今大会はここまで打率2割1分1厘と苦しんでいた。「春のイメージはあまり追うなと。地に足を着けて自分のスイングをする練習をずっとやってきた」と森林貴彦監督。練習から低く、鋭い打球を徹底することで復調のきっかけをつかんだ渡辺千は「チームメートが打撃投手をやってくれたり、コーチがいろいろアドバイスしてくれたおかげできょうの1本につながった」と感謝した。

春夏合わせて5度の全国制覇を誇る東海大相模を力でねじ伏せ、神奈川の頂点まであと一つ。自信を取り戻した右の強打者は「あくまでも目標は日本一。通過点だと思って力まず冷静にいきたい」と気負いなく語った。

（木田　亜紀彦）

六回コールド負け
東海 勝者たたえ

初回、慶応・延末の弾丸ライナーがスタンドに吸い込まれたとき、マウンドの東海大相模・子安の顔にわずかな笑みが浮かんだように見えた。「あれで入っちゃうんだと思って」と子安。このレベルの対戦にあって相手の気をくじくほど、慶応の打球は強かった。

「スライダー系は得意そうなので落ちる球で勝負」（原俊介監督）というのが東海の戦略。延末の打席では、初球のチェンジアップを空振らせた。「チェンジアップに張っていると思った」と振り返る子安は2球目も同じ球種を選択。「高めにいったがコースは悪くない球」（子安）だったが、「いってもフェンス直撃かな」と思った打球はスタンドまで運ばれた。

三回の本塁打も同じ。カットボールで「打ち取ったと思った」（子安）という打球はぐんぐん伸びて、バックスクリーン真横の一番深いところでスタンドに飛び込んだ。

「打たれるのは想定していた。その前の四球が悔しい」と子安。だが原監督は「長打を打たれなければ、それほど点は取られない。ホームランが痛かった」。力に屈して7年ぶりの夏のコールド負けとなった試合後のベンチ裏には、やや呆然とした雰囲気が漂った。

新型コロナウイルス禍の3年間でもあったが、東海の3年生は甲子園出場の願いがかなわなかった。「一度も出られずに悔しい」と子安。主将の及川は「自分たちの目標は日本一だが、その言葉は出さずに一戦一戦やってきた。日本一と口にしてきた慶応の力が上だった。慶応には勝ってほしい」と、悔しさを押し殺して勝者をたたえた。

（和城　信行）

まさかの6回コールド負けに肩を落とす東海大相模ナイン（田中　伸弥写す）

福田ら来年へ糧
逸材の一端披露

東海大相模は先発・子安が初回から精彩を欠く誤算もあった。リリーフした2年生塚本と1年生福田も失点こそしたが、直球はともに140キロ台中盤を計測するなど、新チームへ明るい兆しを見せた。

四回途中から背番号20の塚本が登板。連打を浴びたが、続く五回は強力な慶応打線を手玉に取る最上級生となる。「絶対に背番号1を取って、チームを勝たせられるような投手になりたい」と覚悟を示した。

六回に登板した福田は4安打を許し、厳しい内容だった。ただ、この日最速は148キロを記録したように、注目株の逸材だ。「スピードは全く意識して」今後を期待させる投球を披露し、「高さや緩急をつけていきたい」とさらなる成長を誓った。

3年生は甲子園を経験せず、引退となった。原俊介監督(45)は「相模魂は先輩から後輩に受け継がれると思う。頂点を目指してやってほしい」と下級生に奮起を促した。

【慶　応】	打	得	安	点	振	球	犠	盗	失
⑧丸田	3	4	3	1	0	1	0	0	0
⑥八木	2	1	1	1	1	1	1	0	0
⑦9渡辺千	4	1	2	3	0	0	0	0	0
⑨加藤	3	2	2	3	0	1	0	0	0
1鈴木	0	0	0	0	0	0	0	0	0
③延末	4	1	2	3	0	0	0	0	0
⑤福井	4	0	0	0	0	0	0	0	0
④大村	3	1	1	0	1	0	0	0	0
②渡辺憩	3	1	2	0	0	0	0	0	1
①7小宅	3	1	1	1	0	0	0	0	0
計	29	12	14	12	2	3	1	0	1

【東　海】	打	得	安	点	振	球	犠	盗	失
⑧山内	3	0	0	0	0	0	0	0	0
⑨持丸	3	1	2	0	0	0	0	1	0
⑥及川	3	0	0	0	0	0	0	0	0
⑤板垣	2	0	1	1	0	1	0	0	0
③松本	3	0	0	0	1	0	0	0	0
④安達	2	0	0	0	0	0	0	0	0
⑦中村	2	0	1	0	1	0	0	0	0
②木村	2	0	0	0	1	0	0	0	0
①子安	1	0	0	0	0	0	0	0	0
1塚原	0	0	0	0	0	0	0	0	0
H鈴木	1	0	0	0	0	0	0	0	0
1福田	0	0	0	0	0	0	0	0	0
計	22	1	4	1	3	1	0	1	0

▽本塁打　延末（子安）渡辺千（子安）加藤（福田）▽三塁打　八木▽二塁打　丸田2、延末、持丸、板垣▽併殺　東1（板垣—松本）小宅＝二回▽残塁　慶3、東4▽審判　湯本、松本俊、諏訪、勅使河原、古沢、藤原▽試合時間　1時間47分

投手	回	打	投	安	振	球	失	責
小宅	5	18	65	2	3	1	0	0
鈴木	1	5	12	2	0	0	1	1
子安	3 1/3	18	60	7	2	2	8	8
塚本	1 2/3	8	29	3	0	1	1	1
福田	1	7	21	4	0	0	3	3

●東海大相模・原監督

大会初戦で苦戦して、そこからはチャレンジャーとして成長しながらここまでこられた。負けてしまったのは本当に悔しいが、選手たちにはありがとうと言いたい。

かなスポ
E-mail: sports@kanagawa-np.co.jp
FAX045-227-0167

K 2023　夏 準々決勝

先手必勝 体現2発

慶応

が2ランを放つ
＝横浜（番場　一浩写す）

4試合で本塁打がなかった慶応だったが、8強の舞台で本領発揮の2本塁打。隙を見せた一球を逃さず横浜創学館の好右腕鈴木をのみ込んだ。

1点を先制した三回1死一、二塁。「走者が残っていた。もう1点取る」と延末は内角球を鋭いライナー性の打球で右翼スタンド最前列にたたき込んだ。「打った瞬間入ると思った。内角は苦手だったが、成長できている」と実感を込めた。

140キロに迫る直球と落差のある変化球が武器の創学館・鈴木を攻略するためにチームは「ストライクゾーンを9分割したうちの四つのコースを狙う」と打席での意識を共有していた。

しかし、延末は第1打席にチェンジアップを3球続けられ空振り三振。森林貴彦監督(50)の「低めは捨てていけ」という指示に、「1打席目は全然駄目。気持ちを切り替えて高めの甘い球を待てた」と修正した。

狙い絞り本領発揮

めの直球を左中間席に放り込み、試合を決定付ける2ラン。決まり事を徹底する遂行力の高さが2アーチに結実した。

今春の県大会では5試合で計10本塁打と圧倒して優勝した慶応。今夏は順風に乗る中でも放物線を描けていない状況に、ナインも「そろそろ出ないかな」と意識せざるを得なかった。そんな空気を感じ取ったか、森林監督も「秋春は1点取った後に本塁打と、きょうみたいな展開だった。良い展開を思い出した」と表情をほころばせる。

指揮官が試合前に掲げた「先手必勝」を存分に体現して2大会ぶりのベスト4。次戦は昨夏の準々決勝で0－9と力負けした東海大相模だ。「良い舞台で良い相手とできることに喜びを感じて楽しんでやりたい」と延末。望む野球を見失うことはない。

（藤江　広祐）

○慶応・主将大村（今大会チーム初本塁打に）盛り上がるし、勢いがつく。自分たちは長打力が売り。それが出てくると調子が上がってきたと思う。

スクイズで追加点

頂点に立った春からの収穫は一発だけにあらず。慶応の森林貴彦監督が「本塁打頼りにならない。いろんな点の取り方を」と振り返ったように、打者2巡目から変幻自在の攻撃で一気に畳みかけた。

三回、加藤の先制打は、深く守る横浜創学館の中堅手の前にぽとりと落ちた。1年夏からレギュラーを張る八木は「みんなスイング力を上げてきたので、しっかり振れば詰まっても外野の前に落とせる」と胸を張る。

その八木は4点リードの四回にスクイズを決めて追加点を奪った。大振りを誘うような押せ押せの展開に繊細な小技を繰り出した八木は「自分のところで1点取りたかった。春までにないつなぐ野球ができている」と手応えをかみしめる。

毎試合打順を入れ替えても圧倒してきた慶応打線。それでも五回以降は加点できず、八木は「中盤から突き放せないと（準決勝以降の）相手には通用しない」と表情を引き締める。

きょう（21日）はリフレッシュを兼ねてオフとなった慶応ナイン。昨夏準々決勝で敗れた東海大相模が次の相手。進化し続ける慶応野球で真っ向から挑んでいく。

（松村　祐介）

変幻自在の攻撃 進化示し雪辱へ

4回裏慶応1死一、三塁。八木がスクイズバントを決める（番場　一浩写す）

▽準々決勝

	1	2	3	4	5	6	7	8	9	計
横浜創学館	0	0	0	0	0	2	0	0	0	2
慶応	0	0	4	3	0	0	0	0	X	7

【評】慶応が2本塁打で試合を決めた。三回、1点を先制してなお1死一、二塁から、延末が右翼へライナーの3ラン。四回には2死三塁から加藤が左中間へ2ランを放った。走者をためたところで甘い高めを見逃さなかった。先発右腕の小宅は5回4安打無失点。2番手の鈴木が連続押し出しで再び小宅が登板する誤算はあったが、試合の流れは手放さなかった。

横浜創学館は2年の鈴木が落ちるチェンジアップを決め球に7回6奪三振。可能性を感じさせる投球だった。

【創学館】		打	得	安	点	振	球	犠	盗	失
⑧	今井	5	0	1	0	1	0	0	0	0
④	山越	4	0	0	0	1	0	1	0	0
⑥	小室	5	0	1	0	0	0	0	0	0
③	本山	4	0	2	0	1	1	0	0	0
⑨	塩田	4	1	1	0	1	0	0	0	0
⑦	稲田	4	1	1	0	0	0	0	0	0
⑤	橋本	2	0	1	0	0	1	0	0	0
H	武井	1	0	1	0	0	0	0	0	0
R	源	0	0	0	0	0	0	0	0	0
5	畑尾	0	0	0	0	0	0	0	0	0
②	宇野	2	0	1	1	0	2	0	0	1
①	鈴木	2	0	0	1	2	1	0	0	0
H	二馬	1	0	0	0	0	0	0	0	0
1	塚原	0	0	0	0	0	0	0	0	0
	計	34	2	9	2	6	5	1	0	1

【慶応】		打	得	安	点	振	球	犠	盗	失
⑧	丸田	4	2	2	0	0	1	0	1	0
⑥	八木	3	0	2	1	1	1	1	0	0
⑨	加藤	3	2	2	3	0	0	0	0	0
1	鈴木	0	0	0	0	0	0	0	0	0
7	山本	1	0	0	0	1	0	0	0	0
H	安達	1	0	0	0	0	0	0	0	0
1	松井	0	0	0	0	0	0	0	0	0
⑤	福井	3	1	1	0	0	1	0	0	0
③	延末	3	1	1	3	2	1	0	0	0
⑦9	渡辺千	4	0	0	0	0	0	0	0	0
④	大村	4	0	2	0	1	0	0	0	0
②	渡辺憩	3	1	1	0	1	1	0	0	0
①717	小宅	4	0	0	0	0	0	0	0	0
	計	33	7	11	7	6	5	1	1	0

▽本塁打　延末（鈴木）加藤（鈴木）
▽二塁打　八木、丸田2、大村、武井、小室▽残塁　横11、慶8
▽審判　高田、瀬良垣、上田、来福
▽試合時間　2時間23分

投手	回	打	投	安	振	球	失	責
鈴木	7	35	124	9	6	5	7	7
塚原	1	4	14	2	0	0	0	0
小宅	5	20	61	4	2	1	0	0
鈴木	2/3	7	21	2	1	3	2	2
小宅	2 1/3	9	30	2	2	1	0	0
松井	1	4	19	1	1	0	0	0

「チームの成長」示す

横浜創学館 …横浜創学館は0－7の六回2死満塁、8番宇野から2者連続の押し出し四球で2点を返した。だが、途中から再登板した慶応の主戦小宅を打ち崩せず、主将小室は「やることをやった。単純に慶応高校が自分たちより技術的も上だった」と目を真っ赤に腫らした。

新チーム発足以降、昨秋の県大会は準決勝で横浜、今春は準々決勝で東海大相模にコールド負け。悔しさをばねに小室は厳しい練習の先頭に立ち続け、チームも粘り強さが出てきたという。

九回2死には左中間を破る二塁打で意地を見せ、「どんな劣勢でも気持ち的に強くなれた。チームの成長だったと思う」と締めくくった。

主戦小宅 仕事果たす

満塁の窮地で再登板

緊急登板にも動じない。慶応のエース小宅は5回無失点と仕事を果たして降板し、左翼に移って迎えた六回。2番手の鈴木が2点を失い、なおも2死満塁のピンチで再びマウンドへ上がった。リードは5点。「想定外」の状況も、「あそこで切らないと流れが向こうにいってしまう」。後続をカットボールで三ゴロに打ち取り、窮地を切り抜けた。

自慢のストレートは切れを欠き、勝負球の変化球は高めに浮いた。「調子は良い感じではなかった」。それでも抑えるのが、背番号1の役目だ。「コースを突いて打たせて取るピッチング」に切り替えて要所を締めた。

春の選抜大会は初戦敗退したが、「大舞台でやるメンタルが成長につながった」。状況に応じて自在にギアチェンジする投球術にも磨きがかかり、森林貴彦監督は「走者を出しても失点を防ぐ小宅らしい投球をしてくれた」と評価した。

春夏連続の甲子園まであと二つ。小宅は「（準決勝は）先発か分からないが自分の仕事を全うするだけ」と落ち着いた口調で言った。

（木田　亜紀彦）

無失点と好投した慶応の小宅（田中　伸弥写す）

8回表横浜創学館1死二塁。宇野の中前打で二走源が本塁を狙うもタッチアウト（長尾　亜紀写す）

踏ん張った救援塚原

横浜創学館 …横浜創学館は5点差の八回に2番手・塚原が登板。2安打を打たれたが踏ん張り、コールド負けを防いだ。

「ブルペンにいる時に4点を取られて、その後3点。出番があるかなと思っていた」と塚原。登板後は「逆転してくれ」と願ったが、かなわなかった。

今大会、2年生エース鈴木を支えながら、5回戦の向上戦など要所で好投を見せてきた。「自信を持って投げられた」と塚原。「鈴木は一番努力してきた。来年は初優勝を」と、悲願を後輩に託した。

●横浜創学館・森田監督（昨夏からレギュラーの）二塁、遊撃のセンターラインがしっかりしていた。彼らがいなければ勝ってこられなかった。最後まで頑張ってくれて、お疲れさまと言いたい。

きょうの試合

（左側が一塁側）
試合開始予定時刻
①10：00②12：30
▽準々決勝
【横浜スタジアム】
①相洋－横浜
②日大藤沢－横浜商

創学館

失投悔やむ2年生

1点を先制された三回1死一、二塁。横浜創学館の2年生エース鈴木は、カウント1ボールで捕手のサインに首を振った。「普段はほとんどしない。でも前の打席はチェンジアップで三振を取ったので、張られていると思った」。自ら選んだのはストレート。だがややシュート回転して高めにいき、

3回裏慶応1死一、二塁のピンチにマウンドで声をかけ合う横浜創学館のエース鈴木(左)と主将小室（番場　一浩写す）

経験財産に「逃げない」

た。

昨秋からエース番号を背負ってきた鈴木。秋は準決勝で横浜に1－11、春は準々決勝で東海大相模に2－13で敗戦。上位校相手に序盤から大量失点する試合が続き、「夏こそは」と臨んでいた。

初回、二回と1人走者を出したが無失点に。秋から体重は10キロ増で球速が増し、手元で落ちるチェンジアップは猛打の慶応打線に空を切らせた。ただ、ゲームメークに慎重になり過ぎたのか鈴木は「（三回の本塁打の前の）先頭バッターのコースを狙いすぎて四球にしてしまったのがいけない」と悔やんだ。

森田誠一監督(58)が「ここ数年では一番打てないけど、一番守れる」と評した今年のチーム。中心となったのは山越、小室の二遊間、そして2年生の鈴木だった。

すでに最速140キロを超える好素材の鈴木にとって、この1年の経験は何よりの財産となる。「変化球には自信を持てた。ピンチでも逃げずに腕を振る。これから1年、先輩たちの分も頑張りたい」と前を向いた。

（和城　信行）

市ケ尾　力負けも新たな礎

▽5回戦（サーティーフォー相模原）

市ケ尾	000	000	1	1
慶応	320	020	1×	8

（七回コールド）

春の王者の壁は高かった。第3シード市ケ尾は慶応の打力に屈し、七回コールド負け。それでも主将松本は「自分たちの野球をやった上なので後悔はない」とすがすがしい表情だった。

学校独自で設けた球数制限を初めて崩して、初回限定で先発させたエース木沢が3失点。その後も苦しい展開が続いたが、チームの意地は七回に凝縮されていた。

2死から二井が右前打で口火を切ると松本が中前打で続く。ここで送られた代打・北脇が「昨日から一矢報いようと話していた」と内角直球を捉えて右前適時打。粘り強く1点をつかみ取った。

最後は力の差を見せつけられたが、4回戦では古豪・法政二に競り勝ち過去最高成績に並んだ。菅沢悠監督(36)は「ベスト16に価値があるわけではなく、ベスト16に行くための努力をし、その力を付けたことが今後に生きる」と期待した。この代が築いた新たな礎からスタートを切る。

（木田　亜紀彦）

7回コールド負けを喫し悔しそうな市ケ尾ナインら
＝サーティーフォー相模原（石井　啓祐写す）

慶応

松井盤石、4回無失点

⚾…4戦連続コールド勝ちの慶応は先発松井が市ケ尾打線を力でねじ伏せて4回3安打無失点。「暑さに対応していきながら、真っすぐをコースに投げ切れた」と自賛した。

唯一得点圏に走者を背負ったのは四回1死一、三塁。4番打者を内角直球で詰まらせて、狙い通り併殺打に打ち取った。4回2失点だった初戦から「下半身の力を球にうまく伝えられるように」とフォームを修正した。昨秋、今春の選抜大会はエースナンバーを背負った。集大成の神奈川大会は背番号11となったが豊富な登板経験と他の投手にはない強みがある。

ここからは総力戦となる。「今大会救援はまだない。試合の後半からでも自分の力をしっかり出していきたい」と松井。緊迫した場面でこそ、自分の出番だ。

（サーティーフォー相模原）

【市ケ尾】		打	安	点	振	球
⑧	高槻	2	0	0	0	1
⑥	杉山	3	1	0	0	0
⑤	杉田	3	1	0	0	0
③	犬丸	3	0	0	0	0
①	木沢	0	0	0	0	0
H	丸山	1	0	0	1	0
1	堀川	1	1	0	0	0
19	古川	1	0	0	0	0
⑦	二井	3	1	0	1	0
④	松本	3	2	0	0	0
②	藤原	2	0	0	0	0
H	北脇	1	1	1	0	0
2	古沢	0	0	0	0	0
⑨	山口	2	0	0	1	0
H	高橋	1	0	0	0	0
1	佐藤	0	0	0	0	0
1	高原	0	0	0	0	0
1	原田	0	0	0	0	0
犠盗失併残	00115	26	7	1	3	1

【慶　応】		打	安	点	振	球
⑧	丸田	3	1	0	0	0
1	飯田	0	0	0	0	1
⑥	八木	3	1	0	1	1
⑨8	渡辺千	4	1	2	1	0
③	延末	2	1	1	0	1
R	村上	0	0	0	0	0
⑦9	山本	3	2	0	0	0
⑤7	福井	3	1	1	0	1
④	大村	3	3	3	0	1
②	渡辺憩	4	1	0	0	0
①	松井	1	1	0	0	0
H5	宮尾	2	0	0	0	0
H	清原	0	0	1	0	1
犠盗失併残	21028	28	12	8	2	6

▽三塁打　八木▽二塁打　渡辺千、杉山、堀川▽犠打　延末、山本▽盗塁　福井▽失策　犬丸▽審判　江藤、後藤、岩男、土屋▽試合時間　1時間53分

投手	回	打	安	振	球	責
木沢	1	8	4	0	1	3
堀川	4	17	7	1	0	2
古川	1	5	0	1	2	0
佐藤	1/3	2	0	0	1	1
高原	1/3	2	0	0	1	0
原田	0/3	2	1	0	1	0
松井	4	13	3	3	0	0
飯田	3	14	4	0	1	1

5回戦　7月18日　8－1市ケ尾（7回コールド）

慶応、流れ引き寄せ快勝

小技と走塁で突破口

【県相模原―慶応】5回表慶応1死二、三塁。八木のスクイズで三走に続き二走丸田が生還　＝相石ひらつか（木田　亜紀彦写す）

慶応	10－0
県相模原	

小技と走塁で突破口を開いた。1―0の五回1死二、三塁。慶応の二走丸田はスクイズのサインに「2点欲しかった。三塁側に転がればいける」と目を光らせた。

打席の八木が丁寧に三塁方向に転がすと三走小宅に続き、丸田がスピードを緩めることなく本塁に突入。間一髪のタイミングだったが、捕手のタッチをかいくぐり、一気に流れを引き寄せた。

今春の関東大会では木更津総合の右サイドスローに苦戦。春の県大会で計44得点した強力打線がわずか2得点に抑え込まれた。この日も右横手の県相模原・小林に四回まで1得点と打ちあぐねただけに、森林貴彦監督(50)は「こういう点の取り方をして、突き離せたのは収穫」とたたえた。

丸田はこの日も猛打賞と出場した2試合で計9打数7安打。ただ、「1打席目で打てていない。一回に先制点を取ることを意識する」と気を引き締める。理想的ではない展開。それでも主導権を握る強さが身に付いてきた。

（藤江　広祐）

二枚看板、猛攻に屈す

県相模原　⚾…県相模原の主戦小林と右腕近藤の二枚看板がマウンドを守ったが、慶応の猛攻に屈した。先発した小林は「序盤は自分の投球ができたが、やっぱり強かった」と涙ながらに力の差を認めた。

四回途中まで1失点でしのいだ小林。五回1死から二塁打を打たれ、近藤に継投するも、2ランスクイズを決められた。八回にも互いに登板したが流れを食い止められず。近藤は「高校3年間で一番良い直球を投げられたが、強かった」と小林と同じ言葉で振り返った。

1年夏から2人そろってベンチ入り。常にエースの座を争ってきた。「近藤と2回交代してボールを渡し合い協力できた」と小林。近藤も「小林と一緒に慶応を倒せそうな雰囲気をつくれた」と涙でたたえ合った。

（相石ひらつか）

【慶　応】		打	安	点	振	球
⑧	丸田	5	3	3	0	0
1	鈴木	0	0	0	0	0
⑥	八木	4	1	4	2	0
⑦8	渡辺千	4	0	0	1	1
⑨	加藤	4	2	0	0	0
③	延末	4	1	0	0	0
⑤	福井	4	3	0	0	0
②	渡辺憩	3	0	2	0	1
④	大村	2	0	1	0	1
①	小宅	3	1	0	0	0
H	清原	0	0	0	0	1
R	村上	0	0	0	0	0
7	山本	0	0	0	0	0
犠盗失併残	20125	33	11	10	3	4

【県　相】		打	安	点	振	球
⑧	前田	4	1	0	0	0
⑨	金城	4	0	0	3	0
②	佐藤	4	1	0	1	0
⑤151	近藤	4	3	0	0	0
①313	小林	4	1	0	1	0
⑦	山本	1	0	0	0	0
7	杉本	2	1	0	0	0
⑥	榎本	3	1	0	1	0
③5	関	3	0	0	0	0
35	大塚	0	0	0	0	0
④	福田	3	1	0	0	0
犠盗失併残	00208	32	9	0	6	0

4回戦　7月16日　10－0県相模原（8回コールド）

2回戦

7月10日　12－2白山（5回コールド）

1番・丸田 足も打も
春王者慶応、好スタート

慶　応12―2白　山

今春王者の慶応は五回コールドの好発進。大量得点の布石となったのは、リードオフマンの俊足丸田の好判断だ。

無得点で迎えた三回1死無走者。丸田が捉えた打球は深く守っていた右翼手の手前で弾む。「送球が手から離れたのを見ていけると思った」と、50㍍5・9秒の足で一気に二塁へ。ここから強力打線が目覚めた。

丸田自身も積極果敢に早いカウントから快音を響かせること4打数4安打。「1打席目でいい感覚があったので、しっかり振り切れた」と長打を狙わず、好球必打に徹した。

森林貴彦監督から「文句をつけようがない」と賛辞を送られた1番打者は「自分が最初に出て口火を切るのがスタイルに合っている」と笑顔。V候補筆頭のチームを力強くけん引していく。

（松村　祐介）

4安打だった慶応の丸田＝横浜（番場　一浩写す）

【慶　応】		打	安	点	振	球
⑧	丸田	4	4	0	0	0
1	鈴木	0	0	0	0	0
⑥	八木	3	1	1	0	1
⑦8	渡辺千	3	1	2	0	1
⑨	加藤	3	1	3	0	1
③	延末	4	1	3	0	0
⑤	福井	3	1	1	0	0
②	渡辺憩	1	0	0	0	2
④	大村	3	0	0	0	0
①	松井	1	0	0	0	1
H7	山本	0	0	0	0	1

犠	盗	失	併	残	打	安	点	振	球
0	0	0	1	5	25	9	10	0	7

【白　山】		打	安	点	振	球
⑦	浜	2	0	0	1	1
⑥	瀬川	2	0	0	0	1
③	松崎	2	1	2	0	0
⑨	阿部	2	0	0	1	0
②	田中	2	1	0	0	0
⑤	吉田	2	0	0	0	0
①	鈴木翔	1	1	0	0	0
1	永井	1	0	0	1	0
④	早川	0	0	0	0	1
⑧	多辺田	1	0	0	0	0

犠	盗	失	併	残	打	安	点	振	球
2	0	3	2	3	15	3	2	3	3

▽三塁打　延末▽二塁打　丸田、松崎、加藤、八木▽犠打　早川、多辺田▽失策　田中、吉田、早川▽捕逸　渡辺憩
▽審判　安武、萩野、藤川、佐藤
▽試合時間　1時間15分

投手	回	打	安	振	球	責
松井	4	16	3	2	2	2
鈴木	1	4	0	1	1	0
鈴木翔	3 1/3	22	5	0	5	7
永井	1 2/3	10	4	0	2	3

3回戦

7月13日　7－0津久井浜（7回コールド）

慶応清原 教え形に
父見守る中、夏初出場

【慶応―津久井浜】第1打席で四球を選んだ慶応の清原＝サーティーフォー保土ケ谷（番場　一浩写す）

慶　応7―0津久井浜

慶応の背番号15、清原が7番サードで今大会初出場、初先発。2打数無安打1四球で、六回の守備から交代した。

選抜甲子園では、背番号5で初打席初ヒット。かつて父・和博さんが大活躍した高校野球の聖地を大いに沸かせた。

だが、春の県大会、関東大会では「競争、変化」というチームの方針でレギュラーポジションは白紙に。本来はサードだが、セカンド、ファーストにも挑戦して出場機会獲得を目指してきた。

「出たら、やってやる」と意気込んでいたが、四回は無死二塁から遊ゴロの進塁打。五回は2死一、二塁で詰まった右飛に倒れた。

学校のテスト期間明けで体調は万全ではないが、「でも、そこでやらないといけない」と清原。森林貴彦監督(50)は「清原は15番をつけているが、レギュラー争いをしている。まだまだ調子を上げてもらいたい」と復調を期待する。

「悔いなくやりなさい」。最初で最後の夏。この日もスタンドで観戦した父からの教えは、とてもシンプルなもの。清原は「打撃の手応えは悪くなかった。試合に出られるなら(ポジションは)どこでもいい」と、貪欲に次の機会を切望した。

（和城　信行）

○慶応・森林貴彦監督の話　「大会が始まったが、まだ不動のメンバーではない。次の相手は県相模原。投手のレベルがこれまでとは変わってくる。楽しみに戦いたい」

慶応の試合を観戦する父・和博さん（番場　一浩写す）

【津　浜】		打	安	点	振	球
⑤	臼井	3	1	0	0	0
⑨	相楽	3	0	0	2	0
③	菊池	2	0	0	1	1
3	高瀬	0	0	0	0	0
⑦	牧野	3	0	0	3	0
⑥	榎薗	2	0	0	0	1
④	大館	3	1	0	0	0
⑧	左近	3	0	0	0	0
①	竹内	2	0	0	1	0
②	渡辺	2	1	0	0	0

犠	盗	失	併	残	打	安	点	振	球
0	0	1	0	4	23	3	0	7	2

【慶　応】		打	安	点	振	球
⑥	八木	4	2	2	0	0
④	大村	2	0	0	0	1
⑧	渡辺千	4	2	2	0	0
③	延末	3	1	1	1	1
⑨	山本	2	1	0	0	1
5	宮尾	1	1	0	0	0
⑦	福井	4	2	1	0	0
⑤	清原	2	0	0	0	1
9	村上	0	0	0	0	0
②	加藤	3	1	0	1	0
①	飯田	0	0	0	0	0
H	安達	1	0	0	0	0
1	小宅	0	0	0	0	0
1	加賀城	0	0	0	0	0

犠	盗	失	併	残	打	安	点	振	球
3	1	0	1	6	26	10	6	2	4

▽二塁打　八木2、渡辺千2、加藤、福井▽犠打　大村、飯田、小宅▽盗塁　宮尾▽失策　牧野▽暴投　竹内
▽審判　大庭、長井、井上、向田
▽試合時間　1時間52分

投手	回	打	安	振	球	責
竹内	6 2/3	33	10	2	4	6
飯田	4	12	0	4	0	0
小宅	2	10	3	3	1	0
加賀城	1	3	0	0	1	0

「KEIO日本一」を目標にやってきて、
それがかなってうれしい。

小宅 雅己

高校野球の新たな可能性や多様性を示せればいいと思って、日本一を目指し、常識を覆すという目的に向けて頑張ってきた。
うちの優勝から新しいものが生まれてくるならうれしい。高校野球の新しい姿につながるような勝利だったのではないか。

監督　森林　貴彦

8
12
11
17
19
16
5

4
3
2
6
10
15
7
8

貫き樹てし誇りあり

●撮影
神奈川新聞社映像編集部
立石祐志
木田亜紀彦

●本紙取材
神奈川新聞社運動部
藤江広祐
和城信行

●編集
神奈川新聞社出版メディア部
川村真幸

第105回全国高校野球選手権記念大会優勝グラフ
107年ぶり　KEIO日本一
若き血、燃ゆ

2023年9月7日　初版第１刷発行

編　著　株式会社神奈川新聞社
発　行　株式会社神奈川新聞社
〒231-8445
横浜市中区太田町2-23
TEL. 045（227）0850
（出版メディア部）
www.kanaloco.jp
装　丁　神奈川新聞社 クリエイティブ班
印刷・製本　図書印刷株式会社

ISBN978-4-87645-677-2　C0075